유형별 사례 중심으로 집대성

공사대금

지급명령 신청과

사례작성방법의 실제

편저 : 대한실무법률편찬연구회
(콘텐츠 제공)

법문북스

유형별 사례 중심으로 집대성

공사대금
지급명령 신청과
사례작성방법의 실제

편저 : 대한실무법률편찬연구회
(콘텐츠 제공)

 법문북스

머 리 말

지급명령이란 대체물(대금, 공사대금 일반적 거래에 있어서 그 물건의 성질을 문제 삼지 않고 동 종류의 다른 물건으로 바꿀 수 있는 물건)의 지급을 목적으로 하는 청구에 관하여 채권자에게 간이·신속한 방법으로 집행권원을 얻을 수 있도록 하는 민사소송법이 마련한 특별소송절차입니다.

지급명령신청은 하나의 소송절차임에도 불구하고 소제기·변론·판결이 없다는 점, 채권자나 채무자를 소환하거나 심문을 하지 않고, 소명방법이 불필요하며, 인지액이 일반소송에 비하여 10/1밖에 되지 않고 송달료 또한 저렴하다는 점 등이 대표적인 특징입니다.

따라서 지급명령신청은 주로 서면심리에 의하고 채권자의 지급명령신청만을 근거로 하여 각하사유가 없으면 곧바로 지급명령을 발합니다.

채무자가 지급명령을 송달받고 2주일(14일) 내에 이의신청을 하지 않을 경우 지급명령은 확정되고 확정된 지급명령에는 판결과 같은 집행력이 부여됩니다.

채권자는 지급명령신청을 이용할 수도 있고, 이행의 소를 제기할 수도 있는 선택의 자유를 가집니다. 그러나 지급명령에 대하여 이의기간 내에 채무자의 이의신청이 있으면 다시 소송절차로 옮겨져 정식소송이 제기된 것으로 보며, 법원은 민사소송법 제472조에 의하여 변론기일을 지정하여 재판하게 됩니다.

지급명령신청은 채무자의 보통재판적 소재지의 지방법원, 근무지 또는 사무소 · 영업소 소재지 관할법원의 전속관할에 속하며 물품대금 청구의 경우 민사소송법 제8조에 따른 거소지 또는 의무이행지 법원이 관할법원에 추가됨에 따라 채권자는 자기의 주소지 법원에 지급명령을 신청할 수 있으므로 대여금을 회수하기 위해 강제집행을 할 수 있는 집행권원을 얻어야 하는 채권자에게 적극 권장하고 싶습니다.

대한실무법률편찬연구회 18년 7월

차 례

1장 지급명령신청 시 방법과 절차

제1절 /

지급명령신청에 대하여 꼭 알아야 할 사항

1. 못 받고 있는 공사대금에 대하여 지급명령신청을 하려면 먼저 채무자의 인적사항을 알아야 합니다.

첫째, 지급명령신청에는 공시송달을 할 수 없기 때문에 지급명령이 채무자에게 송달되지 않으면 채무자에 대한 주민등록번호를 알지 못하는 경우 주소 등을 조회할 수 없고 주소를 보정하지 못하면 지급명령신청이 각하될 수 있기 때문입니다.

둘째, 채무자의 인적사항이 지급명령에 누락된 채 지급명령이 채무자에게 송달되어 확정되었다 하더라도 후일 채무자를 상대로 강제집행을 하려고 해도 지급명령정본에 채무자의 주민등록번호가 없으면 동일인임을 증명할 수 없기 때문에 집행을 거부할 경우 강제집행을 할 수 없습니다.

2. 지급명령신청에는 사실조회신청이 허용되지 않으므로 채무자에 대한 인적사항을 제대로 알지 못하고 채무자의 기본정보 즉 휴대전화나 계좌번호나 사업자등록번호 등으로 사실조회를 하여 인적사항을 알아내야 하는 경우에는 일반소송으로 제기하는 것이 훨씬 빠르고 수월하게 해결할 수도 있습니다.

3. 대부분은 채무자의 인적사항을 모르고 지급명령신청을 하였다가 채무자의 인적사항을 알지 못해 상당한 시일이 지나도록 지급명령정본을 채무자에게 송달하지 못하고 있다가 한참 후에서야 소제기신청을 하는 등 어려움을 겪고 시간은 시간대로 지체될 경우 지급명령은 주소를 보정하지 못하여 각하될 수도 있습니다.

4. 그래서 지급명령신청은 보충송달 등의 방법으로 지급명령을 채무자에게 송달할 수 있는 경우는 지급명령신청에 의할 수 있으나 채무자에게 공시송달만이 가능한 경우를 위하여 두 가지 길을 마련하고 있습니다.

하나는, 채권자는 법원으로부터 채무자의 주소를 보정하라는 명령을 받은 경우에 소제기신청을 할 수 있으며,

또 하나는 지급명령을 채무자에게 공시송달에 의하지 아니하고는 송달할 수 없거나 외국으로 송달하여야 할 경우 법원은 직권에 의한 결정으로 사건을 소송절차에 부칠 수 있습니다.

5. 소제기신청으로 지급명령신청 사건이 본안법원으로 옮겨진 경우 본안법원의 재판장은 채권자가 공시송달에 의한 판결을 받을 목적으로 소제기신청을 하고 채무자의 주민등록이 직권 말소되어 공시송달의 요건을 갖추고 있는 경우 바로 변론기일을 지정하고 공시송달 할 것을 명하고 변론을 종결할 수 있도록 준비할 것을 명하여야 합니다.

제2절 /

관할법원에 대하여,

지급명령신청의 관할법원은 채무자의 보통재판적이 있는 곳의 지방법원이나 민사소송법 제7조 근무지, 제8조 거소지 또는 의무이행지, 제9조 어음 또는 수표의 지급지, 제12조 사무소 또는는 영업소 소재지, 또는 제18조 불법행위지를 관할하는 지방법원의 전속관할로 되어 있습니다.(민사소송법 제463조 참조)

지급명령신청의 사물관할은 소송목적의 값과 관계없이 단독사건으로 시법원이나 군법원이 설치된 경우는 그 곳의 판사(법원조직법 제34조 제1항 제2호 참조) 또는 지방법원 또는 지원의 경우 사법보좌관(법원조직법 제54조 제2항 제1호 참조)의 업무에 속합니다.

민사소송법 제8조에 따른 거소지 또는 의무이행지(공사대금은 대체물로서 지참재무의 원칙을 채택하고 있기 때문에 민법 제467조, 상법 제56조 참조) 법원이 관할법원으로 추가됨에 따라 채권자는 자기의 주소지 지방법원이나 지원 또는 시법원이나 군법원에 지급명령신청을 할 수 있습니다.

현재 법원의 전산정보처리시스템에 의하여 지급명령신청을 전자적 처리로 절차가 진행되고 있으나 직접 전자독촉에서 지급명령신청을 작성하여야 합니다.

그러나 관련사건의 관할(제25조), 합의관할(제29조), 변론관할(제30조) 등의 규정은 적용되지 않습니다.

다만, 예외적으로 방문판매등에관한법률 제57조(독점규제 및 공정거래에 관한 법률의 준용), 할부거래에관한법률 제16조(소비자의 항변권)가 각기 소비자를 보호하기 위하여 소비자(매수인)의 주소, 거소지 관할법원을 전속관할로 규정하고 있습니다.

지급명령신청은 위에서 본 전속관할을 위반하면 독촉절차의 특성에 따라 관할법원으로 이송하지 않고 각하합니다.

지급명령신청은 청구금액에 제한이 없이 지방법원이나 지방법원지원에서는 단독판사 또는 사법보좌관이 담당하고, 시법원이나 군법원에서도 지급명령신청을 처리합니다.

제3절 /

지급명령신청 시 첨부하는 인지대 계산에 대하여,

　　지급명령신청에는 제1심 소장에 붙일 인지의 10분지 1에 해당하는 인지를 붙여야 합니다.

　　지급명령신청에 붙여야할 인지액 계산은 소제기에 준하여 소송목적의 값을 정하고 이에 따른 인지액을 아래와 같이 산출한 후 그 10분의 1에 해당하는 인지를 지급명령신청에 붙이면 됩니다.

　　다만, 대법원 규칙이 정하는 바에 의하여 인지의 첨부에 갈음하여 당해 인지액 상당의 금액을 현금이나 신용카드 또는 직불카드 등으로 납부하게 할 수 있는바, 현행 규정으로는 지급명령신청에 첨부할 인지액이 10,000원 이상일 경우에는 현금으로 납부하여야 하고, 또한 인지액 상당의 금액을 현금으로 납부할 경우 이를 수납은행 또는 인지납부대행기관의 인터넷 홈페이지에서 인지납부대행기관을 통하여 신용카드 등으로도 납부할 수 있습니다.(민사소송 등 인지규칙 제27조 제1항 및 제28조의2 제1항).

　　1. 소송목적의 값이 1,000만 원 미만의 경우
소가×0.005÷10 = 인지액입니다.
　　예를 들어 청구금액이 9,876,543원이면 9,876,543×0.005÷10 = 4,938원이 되는데 여기서 끝부분 100원 미만을 버리면 실제 납부할 인지는 4,900원이 됩니다.

　　2. 소송목적의 값이 1,000만 원 이상 1억 원 미만의 경우
소가×0.0045+5,000÷10= 인지액입니다.

　　예를 들어 청구금액이 22,972,500원이면 22,972,500×0.0045
+5,000÷10= 10,037원이 되는데 여기서 끝부분 100원 미만을 버
리면 실제 납부할 인지는 10,800원이 됩니다.

　　3. 소송목적의 값이 1억 원 이상 10억 원 미만의 경우
소가×0.0040+55,000÷10= 인지액입니다.

　　예를 들어 청구금액이 876,123,871원이면 876,123,871×0.0040
+55,000÷10= 355,949원이 되는데 여기서 끝부분 100원 미만을 버
리면 실제 납부할 인지는 355,900원이 됩니다.

　　4. 소송목적의 값이 10억 원 이상 청구금액에 제한이 없음
소가×0.0035+555,000÷10= 인지액입니다.

　　예를 들어 청구금액이 3,123,987,345원이면 3,123,987,345
×0.0035+555,000÷10= 1,148,895원이 되는데 여기서 끝부분 100
원 미만을 버리면 실제 납부할 인지는 1,148,800원이 됩니다.

　　산출된 인지액이 1,000원 미만인 때에는 1,000원의 인지를 붙
여야 하고, 1,000원 이상인 경우 100원 미만의 단수가 있는 때에
는 그 단수는 계산하지 아니합니다.(인지법 제7조 제4항, 제2조
제2항 참조)

제4절 /

지급명령신청 시 예납하는 송달료 계산에 대하여,

지급명령신청에는 송달료를 예납하여야 합니다.

송달료 1회분은 4,500원입니다.

지급명령신청 시에는 송달료규칙처리에 따른 예규에 의하면 당사자 1인당 6회분을 예납시키고 있습니다.

송달료 계산은 청구금액에 관계없이 채권자1인 채무자1인을 기준으로 하여 각 6회분씩 총 12회분의 금 54,000원의 송달료를 예납하고 그 납부서를 지급명령신청에 첨부하면 됩니다.

여기서 당사자 1인 추가 시 추가 1인당 6회분의 금 27,000원의 송달료를 기준금액에 합산한 금액을 납부하여 지급명령신청에 첨부하면 됩니다.

예를 들어 채권자1인 채무자3인의 경우 6회분×4인의 총 24회분의 금 108,000원의 송달료를 예납하고 그 납부서를 지급명령신청에 첨부하면 됩니다.

제5절 /

지급명령절차

가, 지급명령 심리

지급명령은 각하사유가 없으면 곧바로 지급명령을 발합니다. 지급명령은 채권자의 일방적인 주장 만에 의하여 지급명령을 발하기 때문에 지급명령이 송달된 후 채무자는 이의신청을 할 수 있고, 채무자의 이의신청이 있으면 지급명령신청은 통상의 소송절차로 바뀌게 됩니다.

다시 말하자면 지급명령은 채권자의 소명도 필요 없으며, 법원으로서는 지급명령신청에 표시된 청구취지와 청구원인만을 근거로 하여 지급명령을 발하게 됩니다.

그러므로 지급명령은 채권자의 지급명령신청에 의한 채무자에의 이행명령으로서 그 명칭은 지급명령이고 성질은 지급명령결정입니다.

지급명령신청에 대한 심리는 주로 서면심리에 의합니다. 즉 지급명령신청서를 심사하여 기재사항의 누락, 인지, 송달료의 부족 등 흠이 있는 경우 보정할 수 없는 흠에 대하여는 바로 각하하고, 보정할 수 있는 흠에 대하여는 기간을 정하여 보정을 명하고 불응할 때에는 각하합니다.

　나, 지급명령정본 채무자에게 송달

　　　법원에서는 지급명령이 발령되면 지급명령정본은 독촉절차안내서와 함께 채무자에게 먼저 송달하고, 지급명령이 채무자에게 적법하게 송달되면 재판사무시스템에 송달일자를 공증하고, 이어서 지급명령이 확정판결과 같은 효력을 가지게 된 때에는 재판사무시스템이 확정일자를 공증합니다.

　　　위의 경우 법원에서는 지급명령정본의 채무자 표시 옆으로 송달일자와 확정일자가 표시된 지급명령의 정본 표지를 전산출력하여 날인하는 방식으로 채권자에게 송달할 정본을 작성하여 채권자에게 송달합니다.

　　　이때 채권자는 법원으로부터 지급명령정본을 송달받으면 바로 채무자를 상대로 강제집행을 실시할 수 있습니다.

　다, 주소보정

　　　법원은 채무자에 대하여 지급명령정본이 송달불능 된 때에는 채권자에게 주소보정을 하게 됩니다.

라, 소제기신청

채권자는 법원으로부터 채무자의 주소에 대한 보정명령을 받은 경우 소제기신청을 할 수 있습니다.

지급명령신청은 채권자의 소제기신청에 의하여 사건이 소송으로 이행되고 채권자가 보정명령에 따라 인지를 보정하면 관할법원으로 송부합니다.

마, 본안법원에서의 공시송달

본안법원의 재판장은 채권자가 공시송달에 의한 판결을 받을 목적으로 소제기신청을 하고, 채무자의 주민등록이 직권 말소되어 공시송달의 요건을 갖추고 있는 경우 공시송달 할 것을 명하고 변론을 종결할 수 있도록 준비할 것을 명하여야 합니다.

바, 지급명령신청의 각하

다음의 경우에는 지급명령신청을 각하하여야 합니다.

첫째, 관할에 위반한 때(민사소송법 제463조)로, 독촉사건의 관할은 전속관할이므로 채무자의 보통재판적 소재지. 근무지, 거소지 또는 의무이행지, 어음·수표의 지급지, 사무소·영업소가 있는 사람에 대하여 그 사무소 또는 영업소, 불법행위지

외의 관할을 원인으로 한 관할위반은 이송할 것이 아니라 각하하여야 합니다.

둘째, 독촉절차가 적용될 수 없는 청구권에 대한 지급명령신청일 때(민사소송법 제462조 본문), 말하자면 특정물인도청구, 소유권이전등기청구, 채무부존재확인청구 등에 관하여 지급명령신청을 한 때입니다.

셋째, 지급명령신청의 취지로 보아 청구에 정당한 이유가 없는 것이 명백한 때에는 지급명령신청을 각하하여야 합니다. 예컨대 이자제한법에 위배된 청구인 때에도 각하할 사유에 해당합니다. 청구의 일부에 대하여 지급명령을 할 수 없는 때에 그 일부에 대하여도 각하하여야 합니다.

넷째, 지급명명을 공시송달에 의하지 아니하고는 송달할 수 없는 경우 청구원인을 소명하여야 하고 청구원인의 소명이 없는 때에는 결정으로 그 지급명령신청을 각하하여야 합니다.

사, 지급명령에 대한 이의신청

채무자는 지급명령정본을 송달받은 날부터 2주일(14일) 이내에 이의신청을 할 수 있습니다.

지급명령에 대하여 이의신청이 있으면 지급명령은 그 범

위 내에서 실효되고 이의 신청된 청구목적의 값에 한하여 지급명령신청 시에 소의 제기가 있는 것으로 간주하여 바로 소송절차로 옮겨집니다.

이의신청에는 특별한 방법이 없으므로 지급명령에 응할 이유가 없다는 취지만 명시되면 족하고 불복의 이유나 방어방법까지 이의신청에서 밝힐 필요는 없습니다.

아, 지급명령의 확정

지급명령에 대하여 이의신청이 없는 경우 지급명령은 확정판결과 같은 효력이 있습니다.

또한 채무자가 이의신청을 취하하였거나 이의신청이 각하되어 확정된 때에도 지급명령은 그와 같은 효력이 발생합니다.

다만, 여기서 말하는 확정판결과 같은 효력이 있다는 것은 집행력을 의미하는 것이지 판결과 같은 기판력이 지급명령에 인정되는 것은 아닙니다.

제6절 지급명령신청 실전 사례

【지급명령신청서1】 공사대금청구 인테리어공사비 잔액을 차일피일 지체하면서 지급 하지 않고 있어 상법에서 정한 지연손해금 등을 청구하는 사례

지급명령신청서

채 권 자 : ○   ○   ○

채 무 자 : ○   ○   ○

소송물 가액금	금	30,000,000원
첨부할 인지액	금	14,000원
첨부한 인지액	금	14,000원
납부한 송달료	금	54,000원
비 고		

청주지방법원 독촉계 귀중

지급명령신청서

1. 채권자

성 명	○ ○ ○	주민등록번호	생략
주 소	충청북도 청주시 상당구 ○○로 ○○길 ○○○,		
직 업	공사업	사무실 주 소	생략
전 화	(휴대폰) 010 - 9456 - 0000		
기타사항	이 사건 채권자입니다.		

2. 채무자

성 명	○ ○ ○	주민등록번호	생략
주 소	충청북도 청주시 ○○구 ○○로길 ○○, ○○○호		
직 업	상업	사무실 주 소	생략
전 화	(휴대폰) 010 - 4454 - 0000		
기타사항	이 사건 채무자입니다.		

3. 공사대금 청구의 독촉사건

신청취지

채무자는 채권자에게 아래의 청구금액 및 독촉절차비용을 지급하라.

라는 지급명령을 구합니다.

1. 금 14,000,000원

2. 위 1항의 금액에 대하여 ○○○○. ○○. ○○.부터 지급
   명령정본이 송달된 날까지는 연 6%의, 그 다음날부터 다
   갚는 날까지 연 15%의 비율에 의한 금원.

3. 독촉절차 비용 60,800원(내역 : 송달료 54,000원, 인지대
   6,800원)

신 청 이 유

1. 채권자는 주소지에서 괴산목공이라는 상호로 인테리어공사를
   주업으로 하는 개인사업자이며, 채무자는 주소지에서 장미촌
   이라는 상호로 호프집을 운영하는 개인사업자입니다.

2. 채권자는 ○○○○. ○○. ○○. 채무자의 요청에 의하여 채무
   자가 운영하는 호프집에 대한 내부 및 외부의 인테리어공사를
   총 20,000,000원에 하기로 계약을 체결하고 채권자는 ○○○
   ○. ○○. ○○.부터 ○○○○. ○○. ○○.까지 위 인테리어
   공사를 모두 완료하고 채무자에게 인도하였으나 채무자는 금
   6,000,000원만 지급하고 현재에 이르기까지 차일피일 지체하면
   서 공사대금 잔액 금 14,000,000원을 지급하지 않고 있습니다.

3. 따라서 채권자는 채무자로부터 위 공사대금 14,000,000원 및
   이에 대한 인테리어공사를 완료하고 채무자에게 인도한 다음
   날인 ○○○○. ○○. ○○.부터 이 사건 지급명령정본을 송
   달받는 날까지는 상법에서 정한 연 6%의, 그 다음날부터 다

갚는 날까지는 소송촉진 등에 관한 특례법에서 정한 연 15% 의 각 비율에 의한 지연손해금 및 독촉절차비용을 합한 금액 의 지급을 받기 위하여 이 사건 지급명령신청에 이른 것입니 다.

소명자료 및 첨부서류

1. 소 갑제1호증   공사계약서
1. 송달료납부서
1. 인지납부확인서

○○○○ 년 ○○ 월 ○○ 일

위 채권자 : ○ ○ ○   (인)

청주지방법원 독촉계 귀중

지급명령신청서

1. 채권자

성 명	○ ○ ○	주민등록번호	생략
주 소	충청북도 청주시 상당구 ○○로 ○○길 ○○○,		
직 업	공사업	사무실 주 소	생략
전 화	(휴대폰) 010 - 9456 - 0000		
기타사항	이 사건 채권자입니다.		

2. 채무자

성 명	○ ○ ○	주민등록번호	생략
주 소	충청북도 청주시 ○○구 ○○로길 ○○, ○○○호		
직 업	상업	사무실 주 소	생략
전 화	(휴대폰) 010 - 4454 - 0000		
기타사항	이 사건 채무자입니다.		

3. 공사대금 청구의 독촉사건

신청취지

채무자는 채권자에게 아래의 청구금액 및 독촉절차비용을 지급하라.

라는 지급명령을 구합니다.

1. 금 14,000,000원

2. 위 1항의 금액에 대하여 ○○○○. ○○. ○○.부터 지급
   명령정본이 송달된 날까지는 연 6%의, 그 다음날부터 다
   갚는 날까지 연 15%의 비율에 의한 금원.

3. 독촉절차 비용 60,800원(내역 : 송달료 54,000원, 인지대
   6,800원)

신청이유

1. 채권자는 주소지에서 괴산목공이라는 상호로 인테리어공사를
   주업으로 하는 개인사업자이며, 채무자는 주소지에서 장미촌
   이라는 상호로 호프집을 운영하는 개인사업자입니다.

2. 채권자는 ○○○○. ○○. ○○. 채무자의 요청에 의하여 채
   무자가 운영하는 호프집에 대한 내부 및 외부의 인테리어공사
   를 총 20,000,000원에 하기로 계약을 체결하고 채권자는 ○○
   ○○. ○○. ○○.부터 ○○○○. ○○. ○○.까지 위 인테리
   어공사를 모두 완료하고 채무자에게 인도하였으나 채무자는
   금 6,000,000원만 지급하고 현재에 이르기까지 차일피일 지체
   하면서 공사대금 잔액 금 14,000,000원을 지급하지 않고 있습
   니다.

3. 따라서 채권자는 채무자로부터 위 공사대금 14,000,000원 및
   이에 대한 인테리어공사를 완료하고 채무자에게 인도한 다음
   날인 ○○○○. ○○. ○○.부터 이 사건 지급명령정본을 송

달받는 날까지는 상법에서 정한 연 6%의, 그 다음날부터 다 갚는 날까지는 소송촉진 등에 관한 특례법에서 정한 연 15%의 각 비율에 의한 지연손해금 및 독촉절차비용을 합한 금액의 지급을 받기 위하여 이 사건 지급명령신청에 이른 것입니다.

- 끝 -

접수방법

1. 관할법원

이 사건은 공사대금 청구이므로 의무이행지인 채권자의 주소지인 청주지방법원이 관할법원이고, 채무자의 보통재판적 주소지 또한 청주지방법원이 관할법원이기 때문에 채권자는 청주지방법원에 지급명령신청을 하시면 됩니다.

청주지방법원

충청북도 청주시 서원구 산남로62번길 51,(산남동 506)

전화번호 043) 249 - 7114

2. 수입인지 계산

이 사건은 청구금액이 금 14,000,000이므로 14,000,000×0.0045 +5,000÷10 = 6,800원입니다.

산출된 인지액이 1,000원 미만인 때에는 1,000원의 인지를 붙여야 하고, 1,000원 이상인 경우 100원 미만의 단수가 있는 때에는 그 단수는 계산하지 아니합니다.

3. 송달료금 계산

송달료는 1회분이 4,500원입니다.

이 사건은 채권자1인 채무자1인이므로 각 6회분씩 총 12회분의 금 54,000원이 됩니다.

4. 준비서류

1) 지급명령신청서 1통, 2) 당사자표시 3통, 3) 수입인지 납부서 1통, 4) 송달료 납부서 1통, 5) 소 갑제1호증 공사계약서 첨부

5. 제출하는 방법

채권자는 지급명령신청서 1통을 프린트하여 후면에 소 갑제1호증 공사계약서 1통을 첨부하고 이어서 당사자표시 3통을 작성하여야 합니다.

청주지방법원에는 법원 안에 수납은행이 상주하고 있으므로 수납은행의 창구에는 인지(소송등 인지의 현금납부서) 3장으로 구성된 것을 작성하고 송달료(예납·추납)납부서 3장으로 구성된 용지를 작성해 내면 수납창구에서 인지에 대해서는 소송등 인지의 현금영수필확인서와 같은 영수증을 돌려주고 송달료에 대해서는 법

원제출용과 영수증을 주면 영수증은 잘 보관하시고 종합민원실로 가서 지급명령신청 독촉계에 제출하면 연월일 '차' 몇 호로 된 사건번호를 적어오면 그 다음날 오후부터 대법원 나의 사건 검색창에서 위 사건번호로 사건진행상황을 모두 확인할 수 있습니다.

또한 직접 법원으로 가실 수 없는 경우에는 위와 같이 지급명령신청서 1통, 당사자표시 3통을 작성하여 대부분 신한은행으로 가시면 소송등 인지의 현금납부서와 송달료 예납·추납 납부서에 의하여 납부한 다음 가까운 우체국으로 가서 위 주소지로 청주지방법원 독촉사건 담당자 앞으로 보내신 후 3일 후 청주지방법원으로 전화하여 사건번호를 물어보시면 사건번호를 알려줍니다.

지급명령신청서

채 권 자 : 주식회사 ○○토목

채 무 자 : ○   ○   ○

소송물 가액금	금 37,000,000원
첨부할 인지액	금 17,100원
첨부한 인지액	금 17,100원
납부한 송달료	금 54,000원
비 고	

의정부지방법원 고양지원 귀중

지급명령신청서

1. 채권자

성 명	(주)○○토목	법인등록번호	생략
주 소	경기도 고양시 일산동구 ○○로 ○○, ○○○호		
대 표 자	대표이사 ○○○		
전 화	(휴대폰) 010 - 2998 - 0000		
기타사항	이 사건 채권자입니다.		

2. 채무자

성 명	○ ○ ○	주민등록번호	생략
주 소	경기도 파주시 ○○로길 ○○, ○○○-○○○○호		
직 업	개인사업	사무실 주 소	생략
전 화	(휴대폰) 010 - 1198 - 0000		
기타사항	이 사건 채무자입니다.		

3. 공사대금 청구의 독촉사건

신청취지

채무자는 채권자에게 아래의 청구금액 및 독촉절차비용을 지급하라.

라는 지급명령을 구합니다.

1. 금 37,000,000원

2. 위 1항의 금액에 대하여 ○○○○. ○○. ○○.부터 지급
   명령정본이 송달된 날까지는 연 6%의, 그 다음날부터 다
   갚는 날까지 연 15%의 비율에 의한 금원.

3. 독촉절차 비용 71,100원(내역 : 송달료 54,000원, 인지대
   17,100원)

신 청 이 유

1. 채권자는 주소지에서 주식회사 ○○토목이라는 상호로 토목공
   사업을 주업으로 설립된 법인이며, 채무자는 주소지 인근에 전
   원주택을 신축한 사실이 있습니다.

2. 채권자는 ○○○○. ○○. ○○. 채무자가 신축하는 경기도
   파주시 ○○면 ○○로 ○○, 소재의 전원주택에 대한 진입로
   포장공사를 금 44,000,000원에 하기로 하는 공사계약을 체결
   하였습니다.

3. 채권자는 이 사건 공사계약서에 따라 ○○○○. ○○. ○○.
   부터 ○○○○. ○○. ○○.까지 진입로포장공사를 모두 완료
   하고 채무자에게 인도하였으나 채무자는 인도와 동시 공사대
   금을 지급하기로 하였음에도 불구하고 ○○○○. ○○. ○○.
   금 7,000,000원만 지급하고 지금까지 나머지 금 37,000,000원
   을 지급하지 않고 있습니다.

4. 이에 채권자는 휴대전화로 혹은 직접 채무자에게 찾아가 위
   공사대금의 지급을 요구하였으나 채무자는 대출을 받아 주겠
   다는 등 차일피일 지체하며 지급하지 않고 있습니다.

5. 따라서 채권자는 채무자로부터 위 공사대금 37,000,000원 및
   이에 대하여 채권자가 진입로포장공사를 완료하여 채무자에게
   인도한 그 다음날인 ○○○○. ○○. ○○.부터 이 사건 지급
   명령정본을 송달받는 날까지는 상법에서 정한 연 6%의, 그
   다음날부터 다 갚는 날까지는 소송촉진 등에 관한 특례법에서
   정한 연 15%의 각 비율에 의한 지연손해금 및 독촉절차비용
   을 합한 금액의 지급을 받기 위하여 이 사건 지급명령신청에
   이른 것입니다.

소명자료 및 첨부서류

1. 소 갑제1호증   공사계약서
1. 소 갑제2호증   이행각서
1. 송달료납부서
1. 인지납부확인서

○○○○ 년 ○○ 월 ○○ 일

위 채권자 : ○ ○ ○   (인)

의정부지방법원 고양지원 귀중

당사자표시

1. 채권자

성 명	(주)○○토목	법인등록번호	생략
주 소	경기도 고양시 일산동구 ○○로 ○○, ○○○호		
대 표 자	대표이사 ○○○		
전 화	(휴대폰) 010 - 2998 - 0000		
기타사항	이 사건 채권자입니다.		

2. 채무자

성 명	○ ○ ○	주민등록번호	생략
주 소	경기도 파주시 ○○로길 ○○, ○○○-○○○○호		
직 업	개인사업	사무실 주 소	생략
전 화	(휴대폰) 010 - 1198 - 0000		
기타사항	이 사건 채무자입니다.		

3. 공사대금 청구의 독촉사건

신청취지

채무자는 채권자에게 아래의 청구금액 및 독촉절차비용을 지급하라.

라는 지급명령을 구합니다.

1. 금 37,000,000원

2. 위 1항의 금액에 대하여 ○○○○. ○○. ○○.부터 지급
   명령정본이 송달된 날까지는 연 6%의, 그 다음날부터 다
   갚는 날까지 연 15%의 비율에 의한 금원.

3. 독촉절차 비용 71,100원(내역 : 송달료 54,000원, 인지대
   17,100원)

신 청 이 유

1. 채권자는 주소지에서 주식회사 ○○토목이라는 상호로 토목공
   사업을 주업으로 설립된 법인이며, 채무자는 주소지 인근에 전
   원주택을 신축한 사실이 있습니다.

2. 채권자는 ○○○○. ○○. ○○. 채무자가 신축하는 경기도 파
   주시 ○○면 ○○로 ○○, 소재의 전원주택에 대한 진입로포
   장공사를 금 44,000,000원에 하기로 하는 공사계약을 체결하
   였습니다.

3. 채권자는 이 사건 공사계약서에 따라 ○○○○. ○○. ○○.부
   터 ○○○○ . ○○. ○○.까지 진입로포장공사를 모두 완료
   하고 채무자에게 인도하였으나 채무자는 인도와 동시 공사대
   금을 지급하기로 하였음에도 불구하고 ○○○○. ○○. ○○.
   금 7,000,000원만 지급하고 지금까지 나머지 금 37,000,000원
   을 지급하지 않고 있습니다.

4. 이에 채권자는 휴대전화로 혹은 직접 채무자에게 찾아가 위 공사대금의 지급을 요구하였으나 채무자는 대출을 받아 주겠다는 등 차일피일 지체하며 지급하지 않고 있습니다.

5. 따라서 채권자는 채무자로부터 위 공사대금 37,000,000원 및 이에 대하여 채권자가 진입로포장공사를 완료하여 채무자에게 인도한 그 다음날인 ○○○○. ○○. ○○.부터 이 사건 지급명령정본을 송달받는 날까지는 상법에서 정한 연 6%의, 그 다음날부터 다 갚는 날까지는 소송촉진 등에 관한 특례법에서 정한 연 15%의 각 비율에 의한 지연손해금 및 독촉절차비용을 합한 금액의 지급을 받기 위하여 이 사건 지급명령신청에 이른 것입니다.

- 끝 -

접수방법

1. 관할법원

　이 사건의 사례는 공사대금 청구이므로 의무이행지인 채권자의 주소지인 의정부지방법원 고양지원이 관할법원이고, 채무자의 보통재판적 주소지는 의정부지방법원 고양지원 파주시법원이 관할법원이기 때문에 채권자는 아래의 관할법원에서 유리한 곳을 선택하여 지급명령신청을 하시면 됩니다.

　의정부지방법원 고양지원
　경기도 고양시 일산동구 장백로 209,
　전화번호 031) 920 - 6114

　의정부지방법원 고양지원 파주시법원
　경기도 파주시 금정로 45,(금촌동 947-28)
　전화번호 031) 945 - 8668

2. 수입인지 계산

　이 사건은 청구금액이 금 37,000,000이므로 $37,000,000 \times 0.0045 + 5,000 \div 10 = 17,150$원입니다.

　산출된 인지액이 1,000원 미만인 때에는 1,000원의 인지를 붙

여야 하고, 1,000원 이상인 경우 100원 미만의 단수가 있는 때에
는 그 단수는 계산하지 아니합니다.

산출한 인지액이 17,150원이므로 끝부분 50원을 버리면 실제
채권자가 납부할 인지액은 금 17,100원입니다.

3. 송달료금 계산

송달료는 1회분이 4,500원입니다.

이 사건은 채권자1인 채무자1인이므로 각 6회분씩 총 12회분
의 금 54,000원이 됩니다.

4. 준비서류

1) 지급명령신청서 1통, 2) 당사자표시 3통, 3) 수입인지 납
부서 1통, 4) 송달료 납부서 1통, 5) 소 갑제1호증 공사계약서
6) 소 갑제2호증 이행각서, 7) 채권자의 법인등기부등본 첨부

5. 제출하는 방법

채권자는 지급명령신청서 1통을 프린트하여 후면에 소 갑제1호
증 공사계약서, 소 갑제2호증 이행각서 1통과 채권자의 법인등기
부등본을 첨부하고 이어서 당사자표시 3통을 작성하여야 합니다.

의정부지방법원 고양지원에는 법원 안에 수납은행이 상주하고 있으므로 수납은행의 창구에는 인지(소송등 인지의 현금납부서) 3장으로 구성된 것을 작성하고 송달료(예납·추납)납부서 3장으로 구성된 용지를 작성해 내면 수납창구에서 인지에 대해서는 소송등 인지의 현금영수필확인서와 같은 영수증을 돌려주고 송달료에 대해서는 법원제출용과 영수증을 주면 영수증은 잘 보관하시고 종합민원실로 가서 지급명령신청 독촉계에 제출하면 연월일 '차' 몇 호로 된 사건번호를 적어오면 그 다음날 오후부터 대법원 나의 사건 검색창에서 위 사건번호로 사건진행상황을 모두 확인할 수 있습니다.

의정부지방법원 고양지원 파주시법원에 접수하실 경우 파주시법원에서는 법원 안에 수납은행이 상주하지 않으므로 먼저 파주시법원 전화번호 031) 945-8668으로 전화하여 인지와 송달료의 수납은행을 알려달라고 하여 이동하시면 아마 법원과 가까운 수납은행을 안내하면 그 수납은행의 창구에 인지(소송등 인지의 현금납부서) 3장으로 구성된 것을 작성하고 송달료(예납·추납)납부서 3장으로 구성된 것을 같이 작성해 내시면 수납창구에서 인지에 대해서는 소송등 인지의 현금영수필확인서와 같은 영수증을 돌려주고 송달료에 대해서는 법원제출용과 영수증을 주면 영수증은 잘 보관하시고 파주시법원으로 가서 지급명령신청 독촉계에 내시면 '차' 자로 된 사건번호를 적어오면 그 다음날 오후부터 대법원 나의 사건 검색창에서 위 사건번호로 사건진행상황을 모두 확인할 수 있습니다.

또한 직접 법원으로 가실 수 없는 경우에는 위와 같이 지급명령신청서 1통, 당사자표시 3통을 작성하여 대부분 신한은행으로 가시면 소송등 인지의 현금납부서와 송달료 예납·추납 납부서에 의하여 납부한 다음 가까운 우체국으로 가서 위 법원의 주소지로 독촉사건 담당자 앞으로 보내신 후 3일 후 해당법원으로 전화하여 사건번호를 물어보시면 사건번호를 알려줍니다.

지급명령신청서

채 권 자 :   주식회사 ○○○ 용역

채 무 자 :   ○○건설산업 주식회사

소송물 가액금	금 442,000,000원
첨부할 인지액	금 182,300원
첨부한 인지액	금 182,300원
납부한 송달료	금 54,000원
비 고	

서울 서부지방법원 귀중

지급명령신청서

1. 채권자

성 명	(주)○○○용역	법인등록번호	생략
주 소	서울시 서대문구 ○○로○○○길 ○○, ○○○호		
대 표 자	대표이사 ○ ○ ○		
전 화	(휴대폰) 010 - 3376 - 0000		
기타사항	이 사건 채권자입니다.		

2. 채무자

성 명	○○건설산업(주)	법인등록번호	생략
주 소	서울시 ○○구 ○○로 ○○길 ○○○,		
대 표 자	대표이사 ○ ○ ○		
전 화	(사무실) 02) 000 - 0000		
기타사항	이 사건 채무자입니다.		

3. 공사대금 청구의 독촉사건

신청취지

채무자는 채권자에게 아래의 청구금액 및 독촉절차비용을 지급하라.

라는 지급명령을 구합니다.

1. 금 442,000,000원

2. 위 1항의 금액에 대하여 ○○○○. ○○. ○○.부터 지급 명령정본이 송달된 날까지는 연 6%의, 그 다음날부터 다 갚는 날까지 연 15%의 비율에 의한 금원.

3. 독촉절차 비용 236,300원(내역 : 송달료 54,000원, 인지대 182,300원)

신청이유

1. 채권자는 주소지에서 주식회사 ○○○용역이라는 상호로 건물 철거 등을 주업으로 설립된 법인이며, 채무자는 주소지에서 ○○건설산업 주식회사라는 상호로 전문건설업체로 서울시 ○○구 ○○로 ○○, 일대에서 건축을 하고 있습니다.

2. 채권자는 ○○○○. ○○. ○○. 채무자가 신축하려는 서울시 ○○구 ○○로 ○○, 일대의 사업부지에 축조되어 있는 지상 건물 등을 철거하는 공사를 금 580,000,000원에 하기로 하는 공사계약을 체결하고 채권자는 ○○○○. ○○. ○○.부터 ○○○○. ○○. ○○.까지 공사계약에 따라 철거공사를 모두 완료하여 채무자에게 인도하였습니다.

3. 공사계약에 의하면 채권자가 철거공사를 완료하여 채무자에게 인도를 조건으로 공사대금을 지급하기로 하였던 것인데 채무자는 채권자가 철거공사를 완료하여 ○○○○. ○○. ○○. 채무자에

게 인도하자 채무자는 ○○○○. ○○. ○○. 금 138,000,000원만 지급하고 현재에 이르기까지 나머지 금 442,000,000원을 지급하지 않고 있습니다.

4. 따라서 채권자는 채무자로부터 위 공사대금 442,000,000원 및 이에 대하여 채권자가 철거공사를 완료하여 채무자에게 인도한 그 다음날인 ○○○○. ○○. ○○.부터 이 사건 지급명령 정본을 송달받는 날까지는 상법에서 정한 연 6%의, 그 다음 날부터 다 갚는 날까지는 소송촉진 등에 관한 특례법에서 정한 연 15%의 각 비율에 의한 지연손해금 및 독촉절차비용을 합한 금액의 지급을 받기 위하여 이 사건 지급명령신청에 이른 것입니다.

소명자료 및 첨부서류

1. 소 갑제1호증   철거공사도급계약서
1. 송달료납부서
1. 인지납부확인서

○○○○ 년 ○○ 월 ○○ 일

위 채권자 : ○ ○ ○   (인)

서울 서부지방법원 귀중

당사자표시

1. 채권자

성 명	(주)○○○용역	법인등록번호	생략
주 소	서울시 서대문구 ○○로○○○길 ○○, ○○○호		
대 표 자	대표이사 ○ ○ ○		
전 화	(휴대폰) 010 - 3376 - 0000		
기타사항	이 사건 채권자입니다.		

2. 채무자

성 명	○○건설산업(주)	법인등록번호	생략
주 소	서울시 ○○구 ○○로 ○○길 ○○○,		
대 표 자	대표이사 ○ ○ ○		
전 화	(사무실) 02) 000 - 0000		
기타사항	이 사건 채무자입니다.		

3. 공사대금 청구의 독촉사건

신청취지

채무자는 채권자에게 아래의 청구금액 및 독촉절차비용을 지급하라.

라는 지급명령을 구합니다.

1. 금 442,000,000원

2. 위 1항의 금액에 대하여 ○○○○. ○○. ○○.부터 지급
   명령정본이 송달된 날까지는 연 6%의, 그 다음날부터 다
   갚는 날까지 연 15%의 비율에 의한 금원.

3. 독촉절차 비용 236,300원(내역 : 송달료 54,000원, 인지
   대 182,300원)

신 청 이 유

1. 채권자는 주소지에서 주식회사 ○○○용역이라는 상호로 건
   물철거 등을 주업으로 설립된 법인이며, 채무자는 주소지에
   서 ○○건설산업 주식회사라는 상호로 전문건설업체로 서울
   시 ○○구 ○○로 ○○, 일대에서 건축을 하고 있습니다.

2. 채권자는 ○○○○. ○○. ○○. 채무자가 신축하려는 서울시
   ○○구 ○○로 ○○, 일대의 사업부지에 축조되어 있는 지상
   건물 등을 철거하는 공사를 금 580,000,000원에 하기로 하는
   공사계약을 체결하고 채권자는 ○○○○. ○○. ○○.부터 ○
   ○○○. ○○. ○○.까지 공사계약에 따라 철거공사를 모두
   완료하여 채무자에게 인도하였습니다.

3. 공사계약에 의하면 채권자가 철거공사를 완료하여 채무자에게 인
   도를 조건으로 공사대금을 지급하기로 하였던 것인데 채무자는
   채권자가 철거공사를 완료하여 ○○○○. ○○. ○○. 채무자에

게 인도하자 채무자는 ○○○○. ○○. ○○. 금 138,000,000원만 지급하고 현재에 이르기까지 나머지 금 442,000,000원을 지급하지 않고 있습니다.

4. 따라서 채권자는 채무자로부터 위 공사대금 442,000,000원 및 이에 대하여 채권자가 철거공사를 완료하여 채무자에게 인도한 그 다음날인 ○○○○. ○○. ○○.부터 이 사건 지급명령 정본을 송달받는 날까지는 상법에서 정한 연 6%의, 그 다음날부터 다 갚는 날까지는 소송촉진 등에 관한 특례법에서 정한 연 15%의 각 비율에 의한 지연손해금 및 독촉절차비용을 합한 금액의 지급을 받기 위하여 이 사건 지급명령신청에 이른 것입니다.

- 끝 -

접수방법

1. 관할법원

이 사건의 사례는 공사대금 청구이므로 의무이행지인 채권자의 주소지인 서울 서부지방법원이 관할법원이고, 채무자의 보통재판적 주소지는 서울중앙지방법원이 관할법원이기 때문에 채권자는 아래의 관할법원에서 유리한 곳을 선택하여 지급명령신청을 하시면 됩니다.

　서울 서부지방법원
　서울시 마포구 마포대로 174(공덕동)
　전화번호 02) 3271 - 1114

　서울 중앙지방법원
　서울시 서초구 서초중앙로 157,(서초동)
　전화번호 02) 530 - 1114

2. 수입인지 계산

이 사건은 청구금액이 금 442,000,000이므로 442,000,000×0.0040+55,000÷10= 182,300원입니다.

산출된 인지액이 1,000원 미만인 때에는 1,000원의 인지를 붙

여야 하고, 1,000원 이상인 경우 100원 미만의 단수가 있는 때에는 그 단수는 계산하지 아니합니다.

3. 송달료금 계산

송달료는 1회분이 4,500원입니다.

이 사건은 채권자1인 채무자1인이므로 각 6회분씩 총 12회분의 금 54,000원이 됩니다.

4. 준비서류

1) 지급명령신청서 1통, 2) 당사자표시 3통, 3) 수입인지 납부서 1통, 4) 송달료 납부서 1통, 5) 소 갑제1호증 철거공사계약서 6) 채권자, 채무자의 법인등기부등본 첨부

5. 제출하는 방법

채권자는 지급명령신청서 1통을 프린트하여 후면에 소 갑제1호증 철거공사계약서 1통과 채권자, 채무자의 법인등기부등본을 첨부하고 이어서 당사자표시 3통을 작성하여야 합니다.

서울 서부지방법원에는 법원 안에 수납은행이 상주하고 있으므로 수납은행의 창구에는 인지(소송등 인지의 현금납부서) 3장으로 구성된 것을 작성하고 송달료(예납·추납)납부서 3장으로

구성된 용지를 작성해 내면 수납창구에서 인지에 대해서는 소송 등 인지의 현금영수필확인서와 같은 영수증을 돌려주고 송달료에 대해서는 법원제출용과 영수증을 주면 영수증은 잘 보관하시고 종합민원실로 가서 지급명령신청 독촉계에 제출하면 연월일 '차' 몇 호로 된 사건번호를 적어오면 그 다음날 오후부터 대법원 나의 사건 검색창에서 위 사건번호로 사건진행상황을 모두 확인할 수 있습니다.

서울 중앙지방법원에는 법원 안에 수납은행이 상주하고 있으므로 수납은행의 창구에는 인지(소송등 인지의 현금납부서) 3장으로 구성된 것을 작성하고 송달료(예납·추납)납부서 3장으로 구성된 용지를 작성해 내면 수납창구에서 인지에 대해서는 소송 등 인지의 현금영수필확인서와 같은 영수증을 돌려주고 송달료에 대해서는 법원제출용과 영수증을 주면 영수증은 잘 보관하시고 종합민원실로 가서 지급명령신청 독촉계에 제출하면 연월일 '차' 몇 호로 된 사건번호를 적어오면 그 다음날 오후부터 대법원 나의 사건 검색창에서 위 사건번호로 사건진행상황을 모두 확인할 수 있습니다.

또한 직접 법원으로 가실 수 없는 경우에는 위와 같이 지급명령신청서 1통, 당사자표시 3통을 작성하여 대부분 신한은행으로 가시면 소송등 인지의 현금납부서와 송달료 예납·추납 납부서에 의하여 납부한 다음 가까운 우체국으로 가서 위 법원의 주소지로 독촉사건 담당자 앞으로 보내신 후 3일 후 해당법원으로 전화하여 사건번호를 물어보시면 사건번호를 알려줍니다.

지급명령신청서

채 권 자 : 주식회사 ○ ○ 건 설

채 무 자 : ○   ○   ○ 외1

소송물 가액금	금 83,400,000원	
첨부할 인지액	금	38,000원
첨부한 인지액	금	38,000원
납부한 송달료	금	81,000원
비 고		

대전지방법원 천안지원 귀중

지급명령신청서

1. 채권자

성 명	주식회사 ○○건설	법인등록번호	생략
주 소	충청남도 천안시 ○○구 ○○로길 ○○, ○○○호		
대 표 자	대표이사 ○ ○ ○		
전 화	(휴대폰) 010 - 2489 - 0000		
기타사항	이 사건 채권자입니다.		

2. 채무자1

성 명	○ ○ ○	주민등록번호	생략
주 소	충청남도 아산시 용화로 ○○번길 ○○, ○○○호		
직 업	상업	사무실 주 소	생략
전 화	(휴대폰) 010 - 9563 - 0000		
기타사항	이 사건 채무자1입니다.		

채무자2

성 명	○ ○ ○	주민등록번호	생략
주 소	충청남도 아산시 용화로 ○○번길 ○○, ○○○호		
직 업	주부	사무실 주 소	생략
전 화	(휴대폰) 010 - 9902 - 0000		
기타사항	이 사건 채무자2입니다.		

3. 공사대금 청구의 독촉사건

신청취지

채무자들은 연대하여 채권자에게 아래의 청구금액 및 독촉절차 비용을 지급하라.

라는 지급명령을 구합니다.

1. 금 83,400,000원

2. 위 1항의 금액에 대하여 ○○○○. ○○. ○○.부터 지급 명령정본이 송달된 날까지는 연 6%의, 그 다음날부터 다 갚는 날까지 연 15%의 비율에 의한 금원.

3. 독촉절차 비용 119,000원(내역 : 송달료 81,000원, 인지 대 38,000원)

신청이유

1. 채권자는 주소지에서 주식회사 ○○건설이라는 상호로 주택건 설업을 주업으로 설립된 법인이며, 채무자들은 주소지에 단 독주택을 신축하여 입주한 부부입니다.

2. 채권자는 채무자들로부터 ○○○○. ○○. ○○. 충청남도 아 산시 용화로 ○○번길 ○○, ○○○호 부부공동명의로 된 토 지상에 단독주택을 총 공사비 금 127,000,000원으로 하는 도 급계약을 체결하고 공사대금은 공사가 완료되는 즉시 지급하 는 조건으로 채권자는 ○○○○. ○○. ○○.부터 ○○○○.

○○. ○○.까지 공사도급계약에 의하여 완공하여 채무자들에게 인도하였습니다.

3. 그러나 채무자들은 ○○○○. ○○. ○○. 채권자로부터 위 단독주택을 인도 받으면서 금 43,600,000원만 지급하고 나머지는 금 83,400,000원은 주택담보대출을 받아 지급하겠다고 해놓고 현재에 이르기까지 공사대금 83,400,000원을 지급하지 않고 있습니다.

4. 이에 채권자는 수도 없이 휴대전화로 채무자들에게 위 공사대금의 지급을 요구하였으나 채무자들은 차일피일 지체하며 지급을 하지 않고 있습니다.

5. 따라서 채권자는 채무자들로부터 위 공사대금 83,400,000원 및 이에 대하여 채권자가 건축공사를 완료하여 채무자들에게 인도한 그 다음날인 ○○○○. ○○. ○○.부터 이 사건 지급명령정본을 송달받는 날까지는 상법에서 정한 연 6%의, 그 다음날부터 다 갚는 날까지는 소송촉진 등에 관한 특례법에서 정한 연 15%의 각 비율에 의한 지연손해금 및 독촉절차비용을 합한 금액의 지급을 받기 위하여 이 사건 지급명령신청에 이른 것입니다.

소명자료 및 첨부서류

1. 소 갑제1호증   공사도급계약서

1. 송달료납부서
1. 인지납부확인서

　　　　○○○○ 년 ○○ 월 ○○ 일

　　　　　　위 채권자 :　○　○　○　（인）

대전지방법원 천안지원 귀중

당사자표시

1. 채권자

성 명	주식회사 ○○건설	법인등록번호	생략
주 소	충청남도 천안시 ○○구 ○○로길 ○○, ○○○호		
대 표 자	대표이사 ○ ○ ○		
전 화	(휴대폰) 010 - 2489 - 0000		
기타사항	이 사건 채권자입니다.		

2. 채무자1

성 명	○ ○ ○	주민등록번호	생략
주 소	충청남도 아산시 용화로 ○○번길 ○○, ○○○호		
직 업	상업	사무실 주 소	생략
전 화	(휴대폰) 010 - 9563 - 0000		
기타사항	이 사건 채무자1입니다.		

채무자2

성 명	○ ○ ○	주민등록번호	생략
주 소	충청남도 아산시 용화로 ○○번길 ○○, ○○○호		
직 업	주부	사무실 주 소	생략
전 화	(휴대폰) 010 - 9902 - 0000		
기타사항	이 사건 채무자2입니다.		

3. 공사대금 청구의 독촉사건

신청취지

채무자들은 연대하여 채권자에게 아래의 청구금액 및 독촉절차 비용을 지급하라.

라는 지급명령을 구합니다.

1. 금 83,400,000원

2. 위 1항의 금액에 대하여 ○○○○. ○○. ○○.부터 지급 명령정본이 송달된 날까지는 연 6%의, 그 다음날부터 다 갚는 날까지 연 15%의 비율에 의한 금원.

3. 독촉절차 비용 119,000원(내역 : 송달료 81,000원, 인지 대 38,000원)

신청이유

1. 채권자는 주소지에서 주식회사 ○○건설이라는 상호로 주택건 설업을 주업으로 설립된 법인이며, 채무자들은 주소지에 단 독주택을 신축하여 입주한 부부입니다.

2. 채권자는 채무자들로부터 ○○○○. ○○. ○○. 충청남도 아 산시 용화로 ○○번길 ○○, ○○○호 부부공동명의로 된 토 지상에 단독주택을 총 공사비 금 127,000,000원으로 하는 도 급계약을 체결하고 공사대금은 공사가 완료되는 즉시 지급하 는 조건으로 채권자는 ○○○○. ○○. ○○.부터 ○○○○.

○○. ○○.까지 공사도급계약에 의하여 완공하여 채무자들
에게 인도하였습니다.

3. 그러나 채무자들은 ○○○○. ○○. ○○. 채권자로부터 위 단
    독주택을 인도 받으면서 금 43,600,000원만 지급하고 나머지는
    금 83,400,000원은 주택담보대출을 받아 지급하겠다고 해놓고
    현재에 이르기까지 공사대금 83,400,000원을 지급하지 않고 있
    습니다.

4. 이에 채권자는 수도 없이 휴대전화로 채무자들에게 위 공사대
    금의 지급을 요구하였으나 채무자들은 차일피일 지체하며 지
    급을 하지 않고 있습니다.

5. 따라서 채권자는 채무자들로부터 위 공사대금 83,400,000원
    및 이에 대하여 채권자가 건축공사를 완료하여 채무자들에게
    인도한 그 다음날인 ○○○○. ○○. ○○.부터 이 사건 지급
    명령정본을 송달받는 날까지는 상법에서 정한 연 6%의, 그
    다음날부터 다 갚는 날까지는 소송촉진 등에 관한 특례법에
    서 정한 연 15%의 각 비율에 의한 지연손해금 및 독촉절차
    비용을 합한 금액의 지급을 받기 위하여 이 사건 지급명령신
    청에 이른 것입니다.

- 끝 -

접수방법

1. 관할법원

이 사건의 사례는 공사대금 청구이므로 의무이행지인 채권자의 주소지인 대전지방법원 천안지원이 관할법원이고, 채무자들의 보통재판적 주소지는 대전지방법원 천안지원 아산시법원이 관할법원이기 때문에 채권자는 아래의 관할법원에서 유리한 곳을 선택하여 지급명령신청을 하시면 됩니다.

대전지방법원 천안지원
충청남도 천안시 동남구 청수14로 77,(청당동 476)
전화번호 041) 620 - 3000

대전지방법원 천안지원 아산시법원
충청남도 아산시 용화로76번길 7,(용화동 970)
전화번호 041) 549 - 0698

2. 수입인지 계산

이 사건은 청구금액이 금 83,400,000이므로 83,400,000×0.0045 +5,000÷10= 38,030원입니다.

산출된 인지액이 1,000원 미만인 때에는 1,000원의 인지를 붙

여야 하고, 1,000원 이상인 경우 100원 미만의 단수가 있는 때에는 그 단수는 계산하지 아니합니다.

산출한 인지액이 38,030원이므로 끝부분 30원을 버리면 실제 채권자가 납부할 인지액은 금 38,000원입니다.

3. 송달료금 계산

송달료는 1회분이 4,500원입니다.

이 사건은 채권자1인 채무자2인이므로 각 6회분씩 총 18회분의 금 81,000원이 됩니다.

4. 준비서류

1) 지급명령신청서 1통, 2) 당사자표시 4통, 3) 수입인지 납부서 1통, 4) 송달료 납부서 1통, 5) 소 갑제1호증 공사도급계약서 6) 채권자의 법인등기부등본 첨부

5. 제출하는 방법

채권자는 지급명령신청서 1통을 프린트하여 후면에 소 갑제1호증 공사도급계약서 1통과 채권자의 법인등기부등본을 첨부하고 이어서 당사자표시 4통을 작성하여야 합니다.

대전지방법원 천안지원에는 법원 안에 수납은행이 상주하고 있으므로 수납은행의 창구에는 인지(소송등 인지의 현금납부서) 3장으로 구성된 것을 작성하고 송달료(예납·추납)납부서 3장으로 구성된 용지를 작성해 내면 수납창구에서 인지에 대해서는 소송등 인지의 현금영수필확인서와 같은 영수증을 돌려주고 송달료에 대해서는 법원제출용과 영수증을 주면 영수증은 잘 보관하시고 종합민원실로 가서 지급명령신청 독촉계에 제출하면 연월일 '차' 몇 호로 된 사건번호를 적어오면 그 다음날 오후부터 대법원 나의 사건 검색창에서 위 사건번호로 사건진행상황을 모두 확인할 수 있습니다.

대전지방법원 천안지원 아산시법원에 접수하실 경우 아산시법원에서는 법원 안에 수납은행이 상주하지 않으므로 먼저 아산시법원 전화번호 041) 549-0698으로 전화하여 인지와 송달료의 수납은행을 알려달라고 하여 이동하시면 아마 법원과 가까운 수납은행을 안내하면 그 수납은행의 창구에 인지(소송등 인지의 현금납부서) 3장으로 구성된 것을 작성하고 송달료(예납·추납)납부서 3장으로 구성된 것을 같이 작성해 내시면 수납창구에서 인지에 대해서는 소송등 인지의 현금영수필확인서와 같은 영수증을 돌려주고 송달료에 대해서는 법원제출용과 영수증을 주면 영수증은 잘 보관하시고 아산시법원으로 가서 지급명령신청 독촉계에 내시면 '차' 자로 된 사건번호를 적어오면 그 다음날 오후부터 대법원 나의 사건 검색창에서 위 사건번호로 사건진행상황을 모두 확인할 수 있습니다.

　　또한 직접 법원으로 가실 수 없는 경우에는 위와 같이 지급명령신청서 1통, 당사자표시 4통을 작성하여 대부분 신한은행으로 가시면 소송등 인지의 현금납부서와 송달료 예납·추납 납부서에 의하여 납부한 다음 가까운 우체국으로 가서 위 법원의 주소지로 독촉사건 담당자 앞으로 보내신 후 3일 후 해당법원으로 전화하여 사건번호를 물어보시면 사건번호를 알려줍니다.

지급명령신청서

채 권 자 : ○   ○   ○

채 무 자 : ○   ○   ○

소송물 가액금	금	3,700,000원
첨부할 인지액	금	1,800원
첨부한 인지액	금	1,800원
납부한 송달료	금	54,000원
비 고		

춘천지방법원 양구군법원 귀중

지급명령신청서

1. 채권자

성 명	○ ○ ○	주민등록번호	생략
주 소	강원도 양구군 양구읍 ○○로 ○○, ○○○호		
직 업	건축업	사무실 주 소	생략
전 화	(휴대폰) 010 - 3489 - 0000		
기타사항	이 사건 채권자입니다.		

2. 채무자

성 명	○ ○ ○	주민등록번호	생략
주 소	강원도 인제군 인제읍 인제로 ○○, ○○○호		
직 업	상업	사무실 주 소	생략
전 화	(휴대폰) 010 - 9899 - 0000		
기타사항	이 사건 채무자입니다.		

3. 공사대금 청구의 독촉사건

신청취지

채무자는 채권자에게 아래의 청구금액 및 독촉절차비용을 지급하라.

라는 지급명령을 구합니다.

1. 금 3,700,000원

2. 위 1항의 금액에 대하여 ○○○○. ○○. ○○.부터 지급
   명령정본이 송달된 날까지는 연 6%의, 그 다음날부터 다
   갚는 날까지 연 15%의 비율에 의한 금원.

3. 독촉절차 비용 55,800원(내역 : 송달료 54,000원, 인지대
   1,800원)

신청이유

1. 채권자는 주소지에서 ○○페인트라는 상호로 방수공사를 주
   업으로 하는 개인사업자이며, 채무자는 주소지에서 민박집을
   운영하고 있습니다.

2. 채권자는 ○○○○. ○○. ○○. 채무자의 주문에 의하여 채무자
   가 운영하는 민박집 베란다 등에 대한 방수공사를 금 4,500,000
   원에 하기로 하고 채권자는 ○○○○. ○○. ○○.부터 ○○○
   ○. ○○. ○○.까지 방수공사를 모두 완료하고 채무자에게 인
   도하였으나 채무자는 ○○○○. ○○. ○○. 금 800,000원만 지
   급하고 현재에 이르기까지 나머지 3,700,000원을 차일피일 지체
   하면서 지급하지 않고 있습니다.

3. 따라서 채권자는 채무자로부터 위 공사대금 3,700,000원 및 이
   에 대한 방수공사를 완료하고 채무자에게 인도한 그 다음날인
   ○○○○. ○○. ○○.부터 이 사건 지급명령정본을 송달받는
   날까지는 상법에서 정한 연 6%의, 그 다음날부터 다 갚는 날

까지는 소송촉진 등에 관한 특례법에서 정한 연 15%의 각 비율에 의한 지연손해금 및 독촉절차비용을 합한 금액의 지급을 받기 위하여 이 사건 지급명령신청에 이른 것입니다.

소명자료 및 첨부서류

1. 소 갑제1호증   공사약정서
1. 송달료납부서
1. 인지납부확인서

○○○○ 년 ○○ 월 ○○ 일

위 채권자 : ○ ○ ○   (인)

춘천지방법원 양구군법원 귀중

당사자표시

1. 채권자

성 명	○ ○ ○	주민등록번호	생략
주 소	강원도 양구군 양구읍 ○○로 ○○, ○○○호		
직 업	건축업	사무실 주 소	생략
전 화	(휴대폰) 010 - 3489 - 0000		
기타사항	이 사건 채권자입니다.		

2. 채무자

성 명	○ ○ ○	주민등록번호	생략
주 소	강원도 인제군 인제읍 인제로 ○○, ○○○호		
직 업	상업	사무실 주 소	생략
전 화	(휴대폰) 010 - 9899 - 0000		
기타사항	이 사건 채무자입니다.		

3. 공사대금 청구의 독촉사건

신청취지

채무자는 채권자에게 아래의 청구금액 및 독촉절차비용을 지급하라.
라는 지급명령을 구합니다.

1. 금 3,700,000원

2. 위 1항의 금액에 대하여 ○○○○. ○○. ○○.부터 지급
   명령정본이 송달된 날까지는 연 6%의, 그 다음날부터 다
   갚는 날까지 연 15%의 비율에 의한 금원.

3. 독촉절차 비용 55,800원(내역 : 송달료 54,000원, 인지대
   1,800원)

신 청 이 유

1. 채권자는 주소지에서 ○○페인트라는 상호로 방수공사를 주
   업으로 하는 개인사업자이며, 채무자는 주소지에서 민박집을
   운영하고 있습니다.

2. 채권자는 ○○○○. ○○. ○○. 채무자의 주문에 의하여 채무자
   가 운영하는 민박집 베란다 등에 대한 방수공사를 금 4,500,000
   원에 하기로 하고 채권자는 ○○○○. ○○. ○○.부터 ○○○
   ○. ○○. ○○.까지 방수공사를 모두 완료하고 채무자에게 인
   도하였으나 채무자는 ○○○○. ○○. ○○. 금 800,000원만 지
   급하고 현재에 이르기까지 나머지 3,700,000원을 차일피일 지체
   하면서 지급하지 않고 있습니다.

3. 따라서 채권자는 채무자로부터 위 공사대금 3,700,000원 및 이
   에 대한 방수공사를 완료하고 채무자에게 인도한 그 다음날인
   ○○○○. ○○. ○○.부터 이 사건 지급명령정본을 송달받는
   날까지는 상법에서 정한 연 6%의, 그 다음날부터 다 갚는 날

까지는 소송촉진 등에 관한 특례법에서 정한 연 15%의 각 비율에 의한 지연손해금 및 독촉절차비용을 합한 금액의 지급을 받기 위하여 이 사건 지급명령신청에 이른 것입니다.

- 끝 -

접수방법

1. 관할법원

이 사건은 공사대금 청구이므로 의무이행지인 채권자의 주소지인 춘천지방법원 양구군법원이 관할법원이고, 채무자의 보통재판적 주소지는 춘천지방법원 인제군법원이 관할법원이기 때문에 채권자는 아래의 관할법원 중에서 유리한 곳으로 선택하여 지급명령신청을 하시면 됩니다.

춘천지방법원 양구군법원

강원도 양구군 양구읍 관공서로 30,(중리)

전화번호 033) 481 - 1544

춘천지방법원 인제군법원

강원도 인제군 인제읍 인제로 187번길 14,(상동리)

전화번호 033) 462 - 6221

2. 수입인지 계산

이 사건은 청구금액이 금 3,700,000이므로 3,700,000×0.005÷10= 1,850원입니다.

산출된 인지액이 1,000원 미만인 때에는 1,000원의 인지를 붙

여야 하고, 1,000원 이상인 경우 100원 미만의 단수가 있는 때에
는 그 단수는 계산하지 아니합니다.

산출한 인지액이 1,850원이므로 끝부분 50원을 버리면 실제
채권자가 납부할 인지액은 금 1,800원입니다.

3. 송달료금 계산

송달료는 1회분이 4,500원입니다.

이 사건은 채권자1인 채무자1인이므로 각 6회분씩 총 12회분
의 금 54,000원이 됩니다.

4. 준비서류

1) 지급명령신청서 1통, 2) 당사자표시 3통, 3) 수입인지 납
부서 1통, 4) 송달료 납부서 1통, 5) 소 갑제1호증 공사약정서
첨부

5. 제출하는 방법

채권자는 지급명령신청서 1통을 프린트하여 후면에 소 갑제1
호증 공사약정서 1통을 첨부하고 이어서 당사자표시 3통을 작성
하여야 합니다.

춘천지방법원 양구군법원에 접수하실 경우 양구군법원에서는 법원 안에 수납은행이 상주하지 않으므로 먼저 양구군법원 전화번호 033) 481-1544으로 전화하여 인지와 송달료의 수납은행을 알려달라고 하여 이동하시면 아마 법원과 가까운 수납은행을 안내하면 그 수납은행의 창구에 인지(소송등 인지의 현금납부서) 3장으로 구성된 것을 작성하고 송달료(예납·추납)납부서 3장으로 구성된 것을 같이 작성해 내시면 수납창구에서 인지에 대해서는 소송등 인지의 현금영수필확인서와 같은 영수증을 돌려주고 송달료에 대해서는 법원제출용과 영수증을 주면 영수증은 잘 보관하시고 양구군법원으로 가서 지급명령신청 독촉계에 내시면 '차' 자로 된 사건번호를 적어오면 그 다음날 오후부터 대법원 나의 사건 검색창에서 위 사건번호로 사건진행상황을 모두 확인할 수 있습니다.

춘천지방법원 인제군법원에 접수하실 경우 인제군법원에서는 법원 안에 수납은행이 상주하지 않으므로 먼저 인제군법원 전화번호 033) 462-6221으로 전화하여 인지와 송달료의 수납은행을 알려달라고 하여 이동하시면 아마 법원과 가까운 수납은행을 안내하면 그 수납은행의 창구에 인지(소송등 인지의 현금납부서) 3장으로 구성된 것을 작성하고 송달료(예납·추납)납부서 3장으로 구성된 것을 같이 작성해 내시면 수납창구에서 인지에 대해서는 소송등 인지의 현금영수필확인서와 같은 영수증을 돌려주고 송달료에 대해서는 법원제출용과 영수증을 주면 영수증은 잘 보관하시고 인제군법원으로 가서 지급명령신청 독촉계에 내시면 '차' 자로 된 사건번호를 적어오면 그 다음날 오후부터 대법원 나의 사건 검색창에서 위 사건번호로 사건진행상황을 모두 확인할 수 있습니다.

또한 직접 법원으로 가실 수 없는 경우에는 위와 같이 지급명령신청서 1통, 당사자표시 3통을 작성하여 소송등 인지의 현금납부서와 송달료 예납·추납 납부서에 의하여 납부한 다음 가까운 우체국으로 가서 위 주소지로 청주지방법원 독촉사건 담당자 앞으로 보내신 후 3일 후 법원으로 전화하여 사건번호를 물어보시면 사건번호를 알려줍니다.

지급명령신청서

채 권 자 :　○　　○　　○

채 무 자 :　○　　○　　○

소송물 가액금	금	9,000,000원
첨부할 인지액	금	4,500원
첨부한 인지액	금	4,500원
납부한 송달료	금	54,000원
비　　　　고		

전주지방법원 남원지원 귀중

지급명령신청서

1. 채권자

성 명	○ ○ ○	주민등록번호	생략
주 소	전라북도 남원시 ○○로 ○○, ○○○호		
직 업	개인사업 / 사무실 주 소	생략	
전 화	(휴대폰) 010 - 3837 - 0000		
기타사항	이 사건 채권자입니다.		

2. 채무자

성 명	○ ○ ○	주민등록번호	생략
주 소	전라북도 장수군 장수읍 ○○로 ○○○,		
직 업	농업 / 사무실 주 소	생략	
전 화	(휴대폰) 010 - 6676 - 0000		
기타사항	이 사건 채무자입니다.		

3. 공사대금 청구의 독촉사건

신청취지

채무자는 채권자에게 아래의 청구금액 및 독촉절차비용을 지급하라.

라는 지급명령을 구합니다.

1. 금 9,000,000원

2. 위 1항의 금액에 대하여 ○○○○. ○○. ○○.부터 지급 명령정본이 송달된 날까지는 연 6%의, 그 다음날부터 다 갚는 날까지 연 15%의 비율에 의한 금원.

3. 독촉절차 비용 58,500원(내역 : 송달료 54,000원, 인지대 4,500원)

신 청 이 유

1. 채권자는 주소지에서 알루미늄새시 창호공사를 주업으로 개인 사업자이며, 채무자는 주소지에서 대형 비닐하우스 등을 이용 하여 과일을 재배하는 농민입니다.

2. 채권자는 ○○○○. ○○. ○○. 채무자가 전라북도 장수군 장 수읍 ○○로 ○○○,에 비닐하우스 등을 설치하면서 창호공사를 금 10,000,000원에 의뢰하여 채권자는 ○○○○. ○○. ○○. 창호공사를 모두 완료하여 채무자에게 인도하였으나 채무자는 공사대금으로 금 1,000,000원만 지급하고 나머지 금 9,000,000 원에 대해서 현재까지 지급하지 않고 있습니다.

3. 따라서 채권자는 채무자로부터 위 공사대금 9,000,000원 및 이 에 대하여 채권자가 알루미늄새시 창호공사를 완료하여 채무 자에게 인도한 그 다음날인 ○○○○. ○○. ○○.부터 이 사 건 지급명령정본을 송달받는 날까지는 상법에서 정한 연 6%

의, 그 다음날부터 다 갚는 날까지는 소송촉진 등에 관한 특
례법에서 정한 연 15%의 각 비율에 의한 지연손해금 및 독촉
절차비용을 합한 금액의 지급을 받기 위하여 이 사건 지급명
령신청에 이른 것입니다.

소명자료 및 첨부서류

1. 소 갑제1호증   공사계약서
1. 송달료납부서
1. 인지납부확인서

○○○○ 년 ○○ 월 ○○ 일

위 채권자 : ○ ○ ○   (인)

전주지방법원 남원지원 귀중

당사자표시

1. 채권자

성 명	○ ○ ○	주민등록번호	생략
주 소	전라북도 남원시 ○○로 ○○, ○○○호		
직 업	개인사업 / 사무실 주소	생략	
전 화	(휴대폰) 010 - 3837 - 0000		
기타사항	이 사건 채권자입니다.		

2. 채무자

성 명	○ ○ ○	주민등록번호	생략
주 소	전라북도 장수군 장수읍 ○○로 ○○○,		
직 업	농업 / 사무실 주소	생략	
전 화	(휴대폰) 010 - 6676 - 0000		
기타사항	이 사건 채무자입니다.		

3. 공사대금 청구의 독촉사건

신청취지

채무자는 채권자에게 아래의 청구금액 및 독촉절차비용을 지급하라.

라는 지급명령을 구합니다.

1. 금 9,000,000원

2. 위 1항의 금액에 대하여 ○○○○. ○○. ○○.부터 지급
   명령정본이 송달된 날까지는 연 6%의, 그 다음날부터 다
   갚는 날까지 연 15%의 비율에 의한 금원.

3. 독촉절차 비용 58,500원(내역 : 송달료 54,000원, 인지대
   4,500원)

신청이유

1. 채권자는 주소지에서 알루미늄새시 창호공사를 주업으로 개인
   사업자이며, 채무자는 주소지에서 대형 비닐하우스 등을 이용
   하여 과일을 재배하는 농민입니다.

2. 채권자는 ○○○○. ○○. ○○. 채무자가 전라북도 장수군 장
   수읍 ○○로 ○○○,에 비닐하우스 등을 설치하면서 창호공사를
   금 10,000,000원에 의뢰하여 채권자는 ○○○○. ○○. ○○.
   창호공사를 모두 완료하여 채무자에게 인도하였으나 채무자는
   공사대금으로 금 1,000,000원만 지급하고 나머지 금 9,000,000
   원에 대해서 현재까지 지급하지 않고 있습니다.

3. 따라서 채권자는 채무자로부터 위 공사대금 9,000,000원 및
   이에 대하여 채권자가 알루미늄새시 창호공사를 완료하여 채
   무자에게 인도한 그 다음날인 ○○○○. ○○. ○○.부터 이
   사건 지급명령정본을 송달받는 날까지는 상법에서 정한 연

6%의, 그 다음날부터 다 갚는 날까지는 소송촉진 등에 관한 특례법에서 정한 연 15%의 각 비율에 의한 지연손해금 및 독촉절차비용을 합한 금액의 지급을 받기 위하여 이 사건 지급명령신청에 이른 것입니다.

- 끝 -

접수방법

1. 관할법원

이 사건의 사례는 공사대금 청구이므로 의무이행지인 채권자의 주소지인 전주지방법원 남원지원이 관할법원이고, 채무자의 보통재판적 주소지는 전주지방법원 남원지원 장수군법원이 관할법원이기 때문에 채권자는 아래의 관할법원에서 유리한 곳을 선택하여 지급명령신청을 하시면 됩니다.

　전주지방법원 남원지원
　전라북도 남원시 용성로 59,(동충동 141)
　전화번호 063) 620 - 2700

　전주지방법원 남원지원 장수군법원
　전라북도 장수군 장수읍 싸리재로 13,(장수리 454-10)
　전화번호 063) 351 - 4385

2. 수입인지 계산

이 사건은 청구금액이 금 9,000,000이므로 9,000,000×0.005 ÷10= 4,500원입니다.

산출된 인지액이 1,000원 미만인 때에는 1,000원의 인지를 붙

여야 하고, 1,000원 이상인 경우 100원 미만의 단수가 있는 때에는 그 단수는 계산하지 아니합니다.

3. 송달료금 계산

송달료는 1회분이 4,500원입니다.

이 사건은 채권자1인 채무자1인이므로 각 6회분씩 총 12회분의 금 54,000원이 됩니다.

4. 준비서류

1) 지급명령신청서 1통, 2) 당사자표시 3통, 3) 수입인지 납부서 1통, 4) 송달료 납부서 1통, 5) 소 갑제1호증 공사계약서 첨부

5. 제출하는 방법

채권자는 지급명령신청서 1통을 프린트하여 후면에 소 갑제1호증 공사계약서 첨부하고 이어서 당사자표시 3통을 작성하여야 합니다.

전주지방법원 남원지원에는 법원 안에 수납은행이 상주하고 있으므로 수납은행의 창구에는 인지(소송등 인지의 현금납부서) 3장으로 구성된 것을 작성하고 송달료(예납·추납)납부서 3장으

로 구성된 용지를 작성해 내면 수납창구에서 인지에 대해서는 소송등 인지의 현금영수필확인서와 같은 영수증을 돌려주고 송달료에 대해서는 법원제출용과 영수증을 주면 영수증은 잘 보관하시고 종합민원실로 가서 지급명령신청 독촉계에 제출하면 연월일 '차' 몇 호로 된 사건번호를 적어오면 그 다음날 오후부터 대법원 나의 사건 검색창에서 위 사건번호로 사건진행상황을 모두 확인할 수 있습니다.

전주지방법원 남원지원 장수군법원에 접수하실 경우 장수군법원에서는 법원 안에 수납은행이 상주하지 않으므로 먼저 장수군법원 전화번호 063) 351-4385으로 전화하여 인지와 송달료의 수납은행을 알려달라고 하여 이동하시면 아마 법원과 가까운 수납은행을 안내하면 그 수납은행의 창구에 인지(소송등 인지의 현금납부서) 3장으로 구성된 것을 작성하고 송달료(예납·추납)납부서 3장으로 구성된 것을 같이 작성해 내시면 수납창구에서 인지에 대해서는 소송등 인지의 현금영수필확인서와 같은 영수증을 돌려주고 송달료에 대해서는 법원제출용과 영수증을 주면 영수증은 잘 보관하시고 장수군법원으로 가서 지급명령신청 독촉계에 내시면 '차' 자로 된 사건번호를 적어오면 그 다음날 오후부터 대법원 나의 사건 검색창에서 위 사건번호로 사건진행상황을 모두 확인할 수 있습니다.

또한 직접 법원으로 가실 수 없는 경우에는 위와 같이 지급명령신청서 1통, 당사자표시 3통을 작성하여 소송등 인지의 현

금납부서와 송달료 예납·추납 납부서에 의하여 납부한 다음 가까운 우체국으로 가서 위 법원의 주소지로 독촉사건 담당자 앞으로 보내신 후 3일 후 해당법원으로 전화하여 사건번호를 물어보시면 사건번호를 알려줍니다.

지급명령신청서

채 권 자 :　○　　　○　　　○

채 무 자 :　○　　　○　　　○

소송물 가액금	금	2,000,000원
첨부할 인지액	금	1,000원
첨부한 인지액	금	1,000원
납부한 송달료	금	54,000원
비　　　　　고		

울산지방법원 양산시법원 귀중

지급명령신청서

1. 채권자

성 명	○ ○ ○	주민등록번호	생략
주 소	경상남도 양산시 ○○로 ○○, ○○○호		
직 업	개인사업	사무실 주 소	생략
전 화	(휴대폰) 010 - 9911 - 0000		
기타사항	이 사건 채권자입니다.		

2. 채무자

성 명	○ ○ ○	주민등록번호	생략
주 소	경상남도 김해시 ○○로 ○길 ○○, ○○○호		
직 업	농업	사무실 주 소	생략
전 화	(휴대폰) 010 - 5643 - 0000		
기타사항	이 사건 채무자입니다.		

3. 공사대금 청구의 독촉사건

신청취지

채무자는 채권자에게 아래의 청구금액 및 독촉절차비용을 지급하라.

라는 지급명령을 구합니다.

1. 금 2,000,000원

2. 위 1항의 금액에 대하여 ○○○○. ○○. ○○.부터 지급
   명령정본이 송달된 날까지는 연 6%의, 그 다음날부터 다
   갚는 날까지 연 15%의 비율에 의한 금원.

3. 독촉절차 비용 55,000원(내역 : 송달료 54,000원, 인지대
   1,000원)

신 청 이 유

1. 채권자는 주소지에서 굴삭기 등 중장비를 동원해 토지매립작
   업을 주업으로 개인사업자이며, 채무자는 주소지에서 농사를
   짓는 농민입니다.

2. 채권자는 ○○○○. ○○. ○○. 채무자가 농사를 짓고 있는
   경상남도 김해시 ○○로 ○길 ○○○, 토지에 대하여 매립공
   사를 금 7,000,000원에 하기로 하는 공사계약을 체결한 사실
   이 있습니다.

3. 채권자는 위 공사계약에 따라 굴삭기 등을 동원하여 ○○○○.
   ○○. ○○ .부터 ○○○○. ○○. ○○. 매립공사를 모두 완
   료하고 채무자에게 인도하였으나 채무자는 ○○○○. ○○.
   ○○. 금 3,000,000원을 지급하고 ○○○○. ○○. ○○. 금
   2,000,000원을 지급하여 합계 금 5,000,000원만 지급하고 나
   머지 잔액 금 2,000,000원을 차일피일 지체하면서 현재에 이

르기까지 지급하지 않고 있습니다.

4. 이에 채권자는 수차례에 걸쳐 채무자에게 지급을 독촉하였으
   나 경제사정이 어렵다는 이유만으로 계속 미루기만 하고 있
   습니다.

5. 따라서 채권자는 채무자로부터 위 공사대금 2,000,000원 및 이
   에 대하여 채권자가 매립공사를 완료하여 채무자에게 인도한
   그 다음날인 ○○○○. ○○. ○○.부터 이 사건 지급명령정본
   을 송달받는 날까지는 상법에서 정한 연 6%의, 그 다음날부
   터 다 갚는 날까지는 소송촉진 등에 관한 특례법에서 정한 연
   15%의 각 비율에 의한 지연손해금 및 독촉절차비용을 합한
   금액의 지급을 받기 위하여 이 사건 지급명령신청에 이른 것
   입니다.

소명자료 및 첨부서류

1. 소 갑제1호증   공사계약서
1. 송달료납부서
1. 인지납부확인서

○○○○ 년 ○○ 월 ○○ 일

위 채권자 : ○ ○ ○   (인)

울산지방법원 양산시법원 귀중

당사자표시

1. 채권자

성 명	○ ○ ○	주민등록번호	생략
주 소	경상남도 양산시 ○○로 ○○, ○○○호		
직 업	개인사업	사무실 주 소	생략
전 화	(휴대폰) 010 - 9911 - 0000		
기타사항	이 사건 채권자입니다.		

2. 채무자

성 명	○ ○ ○	주민등록번호	생략
주 소	경상남도 김해시 ○○로 ○길 ○○, ○○○호		
직 업	농업	사무실 주 소	생략
전 화	(휴대폰) 010 - 5643 - 0000		
기타사항	이 사건 채무자입니다.		

3. 공사대금 청구의 독촉사건

신청취지

채무자는 채권자에게 아래의 청구금액 및 독촉절차비용을 지급하라.

라는 지급명령을 구합니다.

1. 금 2,000,000원

2. 위 1항의 금액에 대하여 ○○○○. ○○. ○○.부터 지급
   명령정본이 송달된 날까지는 연 6%의, 그 다음날부터 다
   갚는 날까지 연 15%의 비율에 의한 금원.

3. 독촉절차 비용 55,000원(내역 : 송달료 54,000원, 인지대
   1,000원)

신 청 이 유

1. 채권자는 주소지에서 굴삭기 등 중장비를 동원해 토지매립작
   업을 주업으로 개인사업자이며, 채무자는 주소지에서 농사를
   짓는 농민입니다.

2. 채권자는 ○○○○. ○○. ○○. 채무자가 농사를 짓고 있는
   경상남도 김해시 ○○로 ○길 ○○○, 토지에 대하여 매립공
   사를 금 7,000,000원에 하기로 하는 공사계약을 체결한 사실
   이 있습니다.

3. 채권자는 위 공사계약에 따라 굴삭기 등을 동원하여 ○○○○.
   ○○. ○○ .부터 ○○○○. ○○. ○○. 매립공사를 모두 완
   료하고 채무자에게 인도하였으나 채무자는 ○○○○. ○○. ○
   ○. 금 3,000,000원을 지급하고 ○○○○. ○○. ○○. 금
   2,000,000원을 지급하여 합계 금 5,000,000원만 지급하고 나머
   지 잔액 금 2,000,000원을 차일피일 지체하면서 현재에 이르기

까지 지급하지 않고 있습니다.

4. 이에 채권자는 수차례에 걸쳐 채무자에게 지급을 독촉하였으
나 경제사정이 어렵다는 이유만으로 계속 미루기만 하고 있
습니다.

5. 따라서 채권자는 채무자로부터 위 공사대금 2,000,000원 및 이
에 대하여 채권자가 매립공사를 완료하여 채무자에게 인도한
그 다음날인 ○○○○. ○○. ○○.부터 이 사건 지급명령정본
을 송달받는 날까지는 상법에서 정한 연 6%의, 그 다음날부
터 다 갚는 날까지는 소송촉진 등에 관한 특례법에서 정한 연
15%의 각 비율에 의한 지연손해금 및 독촉절차비용을 합한
금액의 지급을 받기 위하여 이 사건 지급명령신청에 이른 것
입니다.

- 끝 -

접수방법

1. 관할법원

    이 사건의 사례는 공사대금 청구이므로 의무이행지인 채권자의 주소지인 울산지방법원 양산시법원이 관할법원이고, 채무자의 보통재판적 주소지는 창원지방법원 김해시법원이 관할법원이기 때문에 채권자는 아래의 관할법원에서 유리한 곳을 선택하여 지급명령신청을 하시면 됩니다.

    울산지방법원 양산시법원

    경상남도 양산시 북안남5길 12,(북부동 373)

    전화번호 055) 372 - 6291

    창원지방법원 김해시법원

    경상남도 김해시 우암로 167,(내동)

    전화번호 055) 322 - 6221, 6220

2. 수입인지 계산

    이 사건은 청구금액이 금 2,000,000이므로 2,000,000×0.005÷10= 1,000원입니다.

    산출된 인지액이 1,000원 미만인 때에는 1,000원의 인지를 붙

여야 하고, 1,000원 이상인 경우 100원 미만의 단수가 있는 때에는 그 단수는 계산하지 아니합니다.

3. 송달료금 계산

송달료는 1회분이 4,500원입니다.

이 사건은 채권자1인 채무자1인이므로 각 6회분씩 총 12회분의 금 54,000원이 됩니다.

4. 준비서류

1) 지급명령신청서 1통, 2) 당사자표시 3통, 3) 수입인지 납부서 1통, 4) 송달료 납부서 1통, 5) 소 갑제1호증 공사계약서 첨부

5. 제출하는 방법

채권자는 지급명령신청서 1통을 프린트하여 후면에 소 갑제1호증 공사계약서 첨부하고 이어서 당사자표시 3통을 작성하여야 합니다.

울산지방법원 양산시법원에는 법원 안에 수납은행이 상주하지 않으므로 양산시법원 전화번호 055) 372-6291으로 전화하여 수납은행의 위치를 확인하고 수납은행으로 이동하면 수납은행의 창구

에는 인지(소송등 인지의 현금납부서) 3장으로 구성된 것을 작성하고 송달료(예납·추납)납부서 3장으로 구성된 용지를 작성해 내면 수납창구에서 인지에 대해서는 소송등 인지의 현금영수필확인서와 같은 영수증을 돌려주고 송달료에 대해서는 법원제출용과 영수증을 주면 영수증은 잘 보관하시고 양산시법원으로 가서 지급명령신청 독촉계에 제출하면 연월일 '차' 몇 호로 된 사건번호를 적어오면 그 다음날 오후부터 대법원 나의 사건 검색창에서 위 사건번호로 사건진행상황을 모두 확인할 수 있습니다.

창원지방법원 김해시법원에 접수하실 경우 김해시법원에는 법원 안에 수납은행이 상주하지 않으므로 먼저 김해시법원 전화번호 055) 322-6221, 6220으로 전화하여 인지와 송달료의 수납은행을 알려달라고 하여 이동하시면 아마 법원과 가까운 수납은행을 안내하면 그 수납은행의 창구에 인지(소송등 인지의 현금납부서) 3장으로 구성된 것을 작성하고 송달료(예납·추납)납부서 3장으로 구성된 것을 같이 작성해 내시면 수납창구에서 인지에 대해서는 소송등 인지의 현금영수필확인서와 같은 영수증을 돌려주고 송달료에 대해서는 법원제출용과 영수증을 주면 영수증은 잘 보관하시고 김해시법원으로 가서 지급명령신청 독촉계에 내시면 '차' 자로 된 사건번호를 적어오면 그 다음날 오후부터 대법원 나의 사건 검색창에서 위 사건번호로 사건진행상황을 모두 확인할 수 있습니다.

또한 직접 법원으로 가실 수 없는 경우에는 위와 같이 지급명령신청서 1통, 당사자표시 3통을 작성하여 소송등 인지의 현

금납부서와 송달료 예납·추납 납부서에 의하여 납부한 다음 가까운 우체국으로 가서 위 법원의 주소지로 독촉사건 담당자 앞으로 보내신 후 3일 후 해당법원으로 전화하여 사건번호를 물어보시면 사건번호를 알려줍니다.

지급명령신청서

채 권 자 : ○   ○   ○

채 무 자 : ○   ○   ○

소송물 가액금	금	11,000,000원
첨부할 인지액	금	5,400원
첨부한 인지액	금	5,400원
납부한 송달료	금	54,000원
비 고		

광주지방법원 화순군법원 귀중

지급명령신청서

1. 채권자

성 명	○ ○ ○	주민등록번호	생략
주 소	전라남도 화순군 화순읍 동한길 ○○, ○○○호		
직 업	개인사업	사무실 주 소	생략
전 화	(휴대폰) 010 - 4344 - 0000		
기타사항	이 사건 채권자입니다.		

2. 채무자

성 명	○ ○ ○	주민등록번호	생략
주 소	전라남도 영암군 영암읍 ○○로 ○길 ○○, ○○○호		
직 업	공업	사무실 주 소	생략
전 화	(휴대폰) 010 - 1299 - 0000		
기타사항	이 사건 채무자입니다.		

3. 공사대금 청구의 독촉사건

신청취지

채무자는 채권자에게 아래의 청구금액 및 독촉절차비용을 지급하라.

라는 지급명령을 구합니다.

1. 금 11,000,000원

2. 위 1항의 금액에 대하여 ○○○○. ○○. ○○.부터 지급
   명령정본이 송달된 날까지는 연 6%의, 그 다음날부터 다
   갚는 날까지 연 15%의 비율에 의한 금원.

3. 독촉절차 비용 59,400원(내역 : 송달료 54,000원, 인지대
   5,400원)

신청이유

1. 채권자는 주소지에서 샌드위치 판넬공사를 주업으로 개인사
   업자이며, 채무자는 주소지에서 제조공장을 하고 있습니다.

2. 채권자는 ○○○○. ○○. ○○. 채무자가 운영하고 있는 전
   라남도 영암군 영암읍 ○○로 ○○, 소재 공장건물을 증축하
   면서 조립식판넬공사를 금 11,000,000원에 하기로 하고 공사
   계약을 체결하였습니다.

3. 채권자는 위 공사계약에 따라 샌드위치 판넬 등을 이용하여 공
   사를 모두 완료하고 ○○○○. ○○. ○○. 채무자에게 인도하
   였으나 채무자는 현재에 이르기까지 공사대금을 지급하지 않고
   있습니다.

4. 이에 채권자는 수차례에 걸쳐 채무자에게 지급을 독촉하였으
   나 어렵다는 이유만으로 계속 미루기만 하고 있습니다.

5. 따라서 채권자는 채무자로부터 위 공사대금 11,000,000원 및 이에 대하여 채권자가 판넬공사를 완료하여 채무자에게 인도한 그 다음날인 ○○○○. ○○. ○○.부터 이 사건 지급명령 정본을 송달받는 날까지는 상법에서 정한 연 6%의, 그 다음 날부터 다 갚는 날까지는 소송촉진 등에 관한 특례법에서 정한 연 15%의 각 비율에 의한 지연손해금 및 독촉절차비용을 합한 금액의 지급을 받기 위하여 이 사건 지급명령신청에 이른 것입니다.

소명자료 및 첨부서류

1. 소 갑제1호증   공사계약서
1. 송달료납부서
1. 인지납부확인서

○○○○ 년 ○○ 월 ○○ 일

위 채권자 : ○ ○ ○   (인)

광주지방법원 화순군법원 귀중

당사자표시

1. 채권자

성 명	○ ○ ○	주민등록번호	생략
주 소	전라남도 화순군 화순읍 동한길 ○○, ○○○호		
직 업	개인사업	사무실 주 소	생략
전 화	(휴대폰) 010 - 4344 - 0000		
기타사항	이 사건 채권자입니다.		

2. 채무자

성 명	○ ○ ○	주민등록번호	생략
주 소	전라남도 영암군 영암읍 ○○로 ○길 ○○, ○○○호		
직 업	공업	사무실 주 소	생략
전 화	(휴대폰) 010 - 1299 - 0000		
기타사항	이 사건 채무자입니다.		

3. 공사대금 청구의 독촉사건

신청취지

채무자는 채권자에게 아래의 청구금액 및 독촉절차비용을 지급하라.
라는 지급명령을 구합니다.

1. 금 11,000,000원

2. 위 1항의 금액에 대하여 ○○○○. ○○. ○○.부터 지급
   명령정본이 송달된 날까지는 연 6%의, 그 다음날부터 다
   갚는 날까지 연 15%의 비율에 의한 금원.

3. 독촉절차 비용 59,400원(내역 : 송달료 54,000원, 인지대
   5,400원)

신청이유

1. 채권자는 주소지에서 샌드위치 판넬공사를 주업으로 개인사
   업자이며, 채무자는 주소지에서 제조공장을 하고 있습니다.

2. 채권자는 ○○○○. ○○. ○○. 채무자가 운영하고 있는 전
   라남도 영암군 영암읍 ○○로 ○○, 소재 공장건물을 증축하
   면서 조립식판넬공사를 금 11,000,000원에 하기로 하고 공사
   계약을 체결하였습니다.

3. 채권자는 위 공사계약에 따라 샌드위치 판넬 등을 이용하여
   공사를 모두 완료하고 ○○○○. ○○. ○○. 채무자에게 인
   도하였으나 채무자는 현재에 이르기까지 공사대금을 지급하지
   않고 있습니다.

4. 이에 채권자는 수차례에 걸쳐 채무자에게 지급을 독촉하였으
   나 어렵다는 이유만으로 계속 미루기만 하고 있습니다.

5. 따라서 채권자는 채무자로부터 위 공사대금 11,000,000원 및
   이에 대하여 채권자가 판넬공사를 완료하여 채무자에게 인도
   한 그 다음날인 ○○○○. ○○. ○○.부터 이 사건 지급명령
   정본을 송달받는 날까지는 상법에서 정한 연 6%의, 그 다음
   날부터 다 갚는 날까지는 소송촉진 등에 관한 특례법에서 정
   한 연 15%의 각 비율에 의한 지연손해금 및 독촉절차비용을
   합한 금액의 지급을 받기 위하여 이 사건 지급명령신청에 이
   른 것입니다.

                                                    - 끝 -

접수방법

1. 관할법원

　이 사건의 사례는 공사대금 청구이므로 의무이행지인 채권자의 주소지인 광주지방법원 화순군법원이 관할법원이고, 채무자의 보통재판적 주소지는 광주지방법원 목포지원 영암군법원이 관할법원이기 때문에 채권자는 아래의 관할법원에서 유리한 곳을 선택하여 지급명령신청을 하시면 됩니다.

　　광주지방법원 화순군법원
　　전라남도 화순군 화순읍 동헌길 21-18(훈리 26-4)
　　전화번호 061) 374 - 6124

　　광주지방법원 목포지원 영암군법원
　　전라남도 영암군 영암읍 서남역로 21,(서남리 70-1)
　　전화번호 061) 473 - 4560

2. 수입인지 계산

　이 사건은 청구금액이 금 11,000,000이므로 11,000,000×0.0045 +5,000÷10= 5,450원입니다.

　산출된 인지액이 1,000원 미만인 때에는 1,000원의 인지를 붙

여야 하고, 1,000원 이상인 경우 100원 미만의 단수가 있는 때에는 그 단수는 계산하지 아니합니다.

그러므로 산출한 인지액이 5,450원으로서 끝부분 50원을 버리면 실제 납부할 인지액은 5,400원입니다.

3. 송달료금 계산

송달료는 1회분이 4,500원입니다.

이 사건은 채권자1인 채무자1인이므로 각 6회분씩 총 12회분의 금 54,000원이 됩니다.

4. 준비서류

1) 지급명령신청서 1통, 2) 당사자표시 3통, 3) 수입인지 납부서 1통, 4) 송달료 납부서 1통, 5) 소 갑제1호증 공사계약서 첨부

5. 제출하는 방법

채권자는 지급명령신청서 1통을 프린트하여 후면에 소 갑제1호증 공사계약서 첨부하고 이어서 당사자표시 3통을 작성하여야 합니다.

광주지방법원 화순군법원에는 법원 안에 수납은행이 상주하지 않으므로 화순군법원 전화번호 061) 374-6124으로 전화하여 수납은행의 위치를 확인하고 수납은행으로 이동하면 수납은행의 창구에는 인지(소송등 인지의 현금납부서) 3장으로 구성된 것을 작성하고 송달료(예납·추납)납부서 3장으로 구성된 용지를 작성해내면 수납창구에서 인지에 대해서는 소송등 인지의 현금영수필확인서와 같은 영수증을 돌려주고 송달료에 대해서는 법원제출용과 영수증을 주면 영수증은 잘 보관하시고 화순군법원으로 가서 지급명령신청 독촉계에 제출하면 연월일 '차' 몇 호로 된 사건번호를 적어오면 그 다음날 오후부터 대법원 나의 사건 검색창에서 위 사건번호로 사건진행상황을 모두 확인할 수 있습니다.

광주지방법원 목포지원 영암군법원에 접수하실 경우 영암군법원에는 법원 안에 수납은행이 상주하지 않으므로 먼저 영암군법원 전화번호 061) 473-4560으로 전화하여 인지와 송달료의 수납은행을 알려달라고 하여 이동하시면 아마 법원과 가까운 수납은행을 안내하면 그 수납은행의 창구에 인지(소송등 인지의 현금납부서) 3장으로 구성된 것을 작성하고 송달료(예납·추납)납부서 3장으로 구성된 것을 같이 작성해 내시면 수납창구에서 인지에 대해서는 소송등 인지의 현금영수필확인서와 같은 영수증을 돌려주고 송달료에 대해서는 법원제출용과 영수증을 주면 영수증은 잘 보관하시고 영암군법원으로 가서 지급명령신청 독촉계에 내시면 '차' 자로 된 사건번호를 적어오면 그 다음날 오후부터 대법원 나의 사건 검색창에서 위 사건번호로 사건진행상황을 모두 확인할 수 있습니다.

또한 직접 법원으로 가실 수 없는 경우에는 위와 같이 지급명령신청서 1통, 당사자표시 3통을 작성하여 소송등 인지의 현금납부서와 송달료 예납·추납 납부서에 의하여 납부한 다음 가까운 우체국으로 가서 위 법원의 주소지로 독촉사건 담당자 앞으로 보내신 후 3일 후 해당법원으로 전화하여 사건번호를 물어보시면 사건번호를 알려줍니다.

지급명령신청서

채 권 자 : ○○건설 주식회사

채 무 자 : 주식회사 ○○○

소송물 가액금	금 174,000,000원
첨부할 인지액	금 75,100원
첨부한 인지액	금 75,100원
납부한 송달료	금 54,000원
비 고	

대구지방법원 서부지원 귀중

지급명령신청서

1. 채권자

성 명	○○건설 주식회사	법인등록번호	생략
주 소	대구광역시 달서구 ○○로 ○○길 ○○, 2층		
대 표 자	대표이사 ○ ○ ○		
전 화	(휴대폰) 010 - 9998 - 0000		
기타사항	이 사건 채권자입니다.		

2. 채무자

성 명	주식회사 ○○○	법인등록번호	생략
주 소	경상북도 구미시 ○○로○○번길 ○○○,		
대 표 자	대표이사 ○ ○ ○		
전 화	(휴대폰) 010 - 1299 - 0000		
기타사항	이 사건 채무자입니다.		

3. 공사대금 청구의 독촉사건

신청취지

채무자는 채권자에게 아래의 청구금액 및 독촉절차비용을 지급하라.

라는 지급명령을 구합니다.

1. 금 174,000,000원

2. 위 1항의 금액에 대하여 ○○○○. ○○. ○○.부터 지급명령정본이 송달된 날까지는 연 6%의, 그 다음날부터 다 갚는 날까지 연 15%의 비율에 의한 금원.

3. 독촉절차 비용 120,100원(내역 : 송달료 54,000원, 인지대 75,100원)

신 청 이 유

1. 채권자는 주소지에서 ○○건설 주식회사라는 상호로 건축업을 주업으로 하는 법인이며, 채무자는 주소지에서 주식회사 ○○○이라는 상호로 전자제품을 생산하는 법인입니다.

2. 채권자는 ○○○○. ○○. ○○. 채무자가 운영하고 있는 경상북도 구미시 ○○로○○번길 ○○○, 공장 내의 창고 및 기숙사건물에 대한 건축공사를 총 금 211,200,000원에 하기로 하는 공사도급계약을 체결한 사실이 있습니다.

3. 이에 채권자는 위 공사도급계약의 시방에 따라 ○○○○. ○○. ○○.부터 ○○○○. ○○. ○○.까지 건축공사를 모두 완료하여 채무자에게 인도하였습니다.

4. 그런데 채무자는 공사도급계약에 의하여 채권자가 공사를 완료하고 인도하면 그 즉시 공사비 전액을 지급하기로 하였으나 ○

○○○. ○○. ○○.에 금 37,000,000원만 지급하였고, 현재에 이르기까지 잔액 금 174,000,000원을 지급하지 않고 있습니다.

5. 따라서 채권자는 채무자로부터 위 공사대금 174,000,000원 및 이에 대하여 채권자가 건축공사를 모두 완료하여 채무자에게 인도한 그 다음날인 ○○○○. ○○. ○○.부터 이 사건 지급명령정본을 송달받는 날까지는 상법에서 정한 연 6%의, 그 다음날부터 다 갚는 날까지는 소송촉진 등에 관한 특례법에서 정한 연 15%의 각 비율에 의한 지연손해금 및 독촉절차비용을 합한 금액의 지급을 받기 위하여 이 사건 지급명령신청에 이른 것입니다.

소명자료 및 첨부서류

1. 소 갑제1호증   공사도급계약서
1. 송달료납부서
1. 인지납부확인서

○○○○ 년 ○○ 월 ○○ 일

위 채권자 : ○ ○ ○ (인)

대구지방법원 서부지원 귀중

당사자표시

1. 채권자

성 명	○○건설 주식회사	법인등록번호	생략
주 소	대구광역시 달서구 ○○로 ○○길 ○○, 2층		
대 표 자	대표이사 ○ ○ ○		
전 화	(휴대폰) 010 - 9998 - 0000		
기타사항	이 사건 채권자입니다.		

2. 채무자

성 명	주식회사 ○○○	법인등록번호	생략
주 소	경상북도 구미시 ○○로○○번길 ○○○,		
대 표 자	대표이사 ○ ○ ○		
전 화	(휴대폰) 010 - 1299 - 0000		
기타사항	이 사건 채무자입니다.		

3. 공사대금 청구의 독촉사건

신청취지

채무자는 채권자에게 아래의 청구금액 및 독촉절차비용을 지급하라.

라는 지급명령을 구합니다.

1. 금 174,000,000원

2. 위 1항의 금액에 대하여 ○○○○. ○○. ○○.부터 지급
   명령정본이 송달된 날까지는 연 6%의, 그 다음날부터 다
   갚는 날까지 연 15%의 비율에 의한 금원.

3. 독촉절차 비용 120,100원(내역 : 송달료 54,000원, 인지
   대 75,100원)

신청이유

1. 채권자는 주소지에서 ○○건설 주식회사라는 상호로 건축업을
   주업으로 하는 법인이며, 채무자는 주소지에서 주식회사 ○○
   ○이라는 상호로 전자제품을 생산하는 법인입니다.

2. 채권자는 ○○○○. ○○. ○○. 채무자가 운영하고 있는 경상
   북도 구미시 ○○로○○번길 ○○○, 공장 내의 창고 및 기숙
   사건물에 대한 건축공사를 총 금 211,200,000원에 하기로 하
   는 공사도급계약을 체결한 사실이 있습니다.

3. 이에 채권자는 위 공사도급계약의 시방에 따라 ○○○○. ○○.
   ○○.부터 ○○○○. ○○. ○○.까지 건축공사를 모두 완료하
   여 채무자에게 인도하였습니다.

4. 그런데 채무자는 공사도급계약에 의하여 채권자가 공사를 완료
   하고 인도하면 그 즉시 공사비 전액을 지급하기로 하였으나 ○

○○○. ○○. ○○.에 금 37,000,000원만 지급하였고, 현재에 이르기까지 잔액 금 174,000,000원을 지급하지 않고 있습니다.

5. 따라서 채권자는 채무자로부터 위 공사대금 174,000,000원 및 이에 대하여 채권자가 건축공사를 모두 완료하여 채무자에게 인도한 그 다음날인 ○○○○. ○○. ○○.부터 이 사건 지급명령정본을 송달받는 날까지는 상법에서 정한 연 6%의, 그 다음 날부터 다 갚는 날까지는 소송촉진 등에 관한 특례법에서 정한 연 15%의 각 비율에 의한 지연손해금 및 독촉절차비용을 합한 금액의 지급을 받기 위하여 이 사건 지급명령신청에 이른 것입니다.

- 끝 -

접수방법

1. 관할법원

이 사건의 사례는 공사대금 청구이므로 의무이행지인 채권자의 주소지인 대구지방법원 서부지원이 관할법원이고, 채무자의 보통재판적 주소지는 대구지방법원 김천지원 구미시법원이 관할법원이기 때문에 채권자는 아래의 관할법원에서 유리한 곳을 선택하여 지급명령신청을 하시면 됩니다.

대구지방법원 서부지원
대구광역시 달서구 장산남로 30,(용산동 230)
전화번호 053) 570 - 2114

대구지방법원 김천지원 구미시법원
경상북도 구미시 봉곡로 10길 5-8(봉곡동 420)
전화번호 054) 455 - 6660

2. 수입인지 계산

이 사건은 청구금액이 금 174,000,000이므로 174,000,000×0.0040 +55,000÷10= 75,100원입니다.

산출된 인지액이 1,000원 미만인 때에는 1,000원의 인지를 붙

여야 하고, 1,000원 이상인 경우 100원 미만의 단수가 있는 때에
는 그 단수는 계산하지 아니합니다.

3. 송달료금 계산

   송달료는 1회분이 4,500원입니다.

   이 사건은 채권자1인 채무자1인이므로 각 6회분씩 총 12회분
의 금 54,000원이 됩니다.

4. 준비서류

   1) 지급명령신청서 1통, 2) 당사자표시 3통, 3) 수입인지 납
부서 1통, 4) 송달료 납부서 1통, 5) 소 갑제1호증 공사도급계
약서 6) 채권자, 채무자의 법인등기부등본 각 1통씩 첨부

5. 제출하는 방법

   채권자는 지급명령신청서 1통을 프린트하여 후면에 소 갑제1
호증 공사도급계약서 첨부하고 이어서 당사자표시 3통을 작성하
여야 합니다.

   대구지방법원 서부지원에는 법원 안에 수납은행이 상주하기
때문에 수납은행의 창구에는 인지(소송등 인지의 현금납부서) 3
장으로 구성된 것을 작성하고 송달료(예납·추납)납부서 3장으

로 구성된 용지를 작성해 내면 수납창구에서 인지에 대해서는 소송등 인지의 현금영수필확인서와 같은 영수증을 돌려주고 송달료에 대해서는 법원제출용과 영수증을 주면 영수증은 잘 보관하시고 종합민원실로 가서 지급명령신청 독촉계에 제출하면 연월일 '차' 몇 호로 된 사건번호를 적어오면 그 다음날 오후부터 대법원 나의 사건 검색창에서 위 사건번호로 사건진행상황을 모두 확인할 수 있습니다.

　　대구지방법원 김천지원 구미시법원에 접수하실 경우 구미시법원에는 법원 안에 수납은행이 상주하지 않으므로 먼저 구미시법원 전화번호 054) 455-6660으로 전화하여 인지와 송달료의 수납은행을 알려달라고 하여 이동하시면 아마 법원과 가까운 수납은행을 안내하면 그 수납은행의 창구에 인지(소송등 인지의 현금납부서) 3장으로 구성된 것을 작성하고 송달료(예납 · 추납)납부서 3장으로 구성된 것을 같이 작성해 내시면 수납창구에서 인지에 대해서는 소송등 인지의 현금영수필확인서와 같은 영수증을 돌려주고 송달료에 대해서는 법원제출용과 영수증을 주면 영수증은 잘 보관하시고 구미시법원으로 가서 지급명령신청 독촉계에 내시면 '차' 자로 된 사건번호를 적어오면 그 다음날 오후부터 대법원 나의 사건 검색창에서 위 사건번호로 사건진행상황을 모두 확인할 수 있습니다.

　　또한 직접 법원으로 가실 수 없는 경우에는 위와 같이 지급명령신청서 1통, 당사자표시 3통을 작성하여 소송등 인지의 현

금납부서와 송달료 예납·추납 납부서에 의하여 납부한 다음 가까운 우체국으로 가서 위 법원의 주소지로 독촉사건 담당자 앞으로 보내신 후 3일 후 해당법원으로 전화하여 사건번호를 물어보시면 사건번호를 알려줍니다.

【지급명령신청서10】 공사대금청구 석축공사를 완료하고 인도하였으나 공사대금을 일부만 지급하고 나머지 공사대금을 지급하지 않아 지급을 청구하는 사례

지급명령신청서

채 권 자 : ○   ○   ○

채 무 자 : ○   ○   ○

소송물 가액금	금	4,800,000원
첨부할 인지액	금	2,400원
첨부한 인지액	금	2,400원
납부한 송달료	금	54,000원
비 고		

제주지방법원 서귀포시법원 귀중

지급명령신청서

1. 채권자

성 명	○ ○ ○	주민등록번호	생략
주 소	제주특별자치도 서귀포시 ○○로 ○○○,		
직 업	건축업	사무실 주 소	생략
전 화	(휴대폰) 010 - 3383 - 0000		
기타사항	이 사건 채권자입니다.		

2. 채무자

성 명	○ ○ ○	주민등록번호	생략
주 소	제주특별자치도 제주시 ○○로○○길 ○○, ○○호		
직 업	상업	사무실 주 소	생략
전 화	(휴대폰) 010 - 9899 - 0000		
기타사항	이 사건 채무자입니다.		

3. 공사대금 청구의 독촉사건

신청취지

채무자는 채권자에게 아래의 청구금액 및 독촉절차비용을 지급하라.

라는 지급명령을 구합니다.

1. 금 4,800,000원

2. 위 1항의 금액에 대하여 ○○○○. ○○. ○○.부터 지급
   명령정본이 송달된 날까지는 연 6%의, 그 다음날부터 다
   갚는 날까지 연 15%의 비율에 의한 금원.

3. 독촉절차 비용 56,400원(내역 : 송달료 54,000원, 인지대
   2,400원)

신 청 이 유

1. 채권자는 주소지에서 석축 공사를 주업으로 하는 개인사업자이
   며, 채무자는 주소지에서 단독주택을 건축한 건축주입니다.

2. 채권자는 ○○○○. ○○. ○○. 채무자의 요청에 의하여 채무자
   가 건축하고 있는 제주특별자치도 제주시 ○○로○○길 ○○, ○
   ○호 단독주택에 대한 지반다지기 및 석축 공사를 금 5,800,000
   원에 하기로 하고 공사계약을 체결한 사실이 있습니다.

3. 이에 채권자는 ○○○○. ○○. ○○.부터 ○○○○. ○○. ○
   ○.까지 인부와 중장비 등을 동원하여 석축 공사를 모두 완료하
   여 채무자에게 인도하였으나 채무자는 ○○○○. ○○. ○○. 금
   1,000,000원만 지급하고 현재에 이르기까지 나머지 4,800,000원
   을 차일피일 지체하면서 지급하지 않고 있습니다.

4. 따라서 채권자는 채무자로부터 위 공사대금 4,800,000원 및

이에 대한 방수공사를 완료하고 채무자에게 인도한 그 다음날인 ○○○○. ○○. ○○.부터 이 사건 지급명령정본을 송달받는 날까지는 상법에서 정한 연 6%의, 그 다음날부터 다 갚는 날까지는 소송촉진 등에 관한 특례법에서 정한 연 15%의 각 비율에 의한 지연손해금 및 독촉절차비용을 합한 금액의 지급을 받기 위하여 이 사건 지급명령신청에 이른 것입니다.

소명자료 및 첨부서류

1. 소 갑제1호증   공사계약서
1. 송달료납부서
1. 인지납부확인서

○○○○ 년 ○○ 월 ○○ 일

위 채권자 : ○ ○ ○   (인)

제주지방법원 서귀포시법원 귀중

당사자표시

1. 채권자

성 명	○ ○ ○	주민등록번호	생략
주 소	제주특별자치도 서귀포시 ○○로 ○○○,		
직 업	건축업	사무실 주 소	생략
전 화	(휴대폰) 010 - 3383 - 0000		
기타사항	이 사건 채권자입니다.		

2. 채무자

성 명	○ ○ ○	주민등록번호	생략
주 소	제주특별자치도 제주시 ○○로○○길 ○○, ○○호		
직 업	상업	사무실 주 소	생략
전 화	(휴대폰) 010 - 9899 - 0000		
기타사항	이 사건 채무자입니다.		

3. 공사대금 청구의 독촉사건

신청취지

채무자는 채권자에게 아래의 청구금액 및 독촉절차비용을 지급하라.

라는 지급명령을 구합니다.

1. 금 4,800,000원

2. 위 1항의 금액에 대하여 ○○○○. ○○. ○○.부터 지급
   명령정본이 송달된 날까지는 연 6%의, 그 다음날부터 다
   갚는 날까지 연 15%의 비율에 의한 금원.

3. 독촉절차 비용 56,400원(내역 : 송달료 54,000원, 인지대
   2,400원)

신 청 이 유

1. 채권자는 주소지에서 석축 공사를 주업으로 하는 개인사업자이
   며, 채무자는 주소지에서 단독주택을 건축한 건축주입니다.

2. 채권자는 ○○○○. ○○. ○○. 채무자의 요청에 의하여 채
   무자가 건축하고 있는 제주특별자치도 제주시 ○○로○○길
   ○○, ○○호 단독주택에 대한 지반다지기 및 석축 공사를 금
   5,800,000원에 하기로 하고 공사계약을 체결한 사실이 있습니
   다.

3. 이에 채권자는 ○○○○. ○○. ○○.부터 ○○○○. ○○.
   ○○.까지 인부와 중장비 등을 동원하여 석축 공사를 모두 완
   료하여 채무자에게 인도하였으나 채무자는 ○○○○. ○○.
   ○○. 금 1,000,000원만 지급하고 현재에 이르기까지 나머지
   4,800,000원을 차일피일 지체하면서 지급하지 않고 있습니다.

4. 따라서 채권자는 채무자로부터 위 공사대금 4,800,000원 및 이에 대한 방수공사를 완료하고 채무자에게 인도한 그 다음날인 ○○○○. ○○. ○○.부터 이 사건 지급명령정본을 송달받는 날까지는 상법에서 정한 연 6%의, 그 다음날부터 다 갚는 날까지는 소송촉진 등에 관한 특례법에서 정한 연 15%의 각 비율에 의한 지연손해금 및 독촉절차비용을 합한 금액의 지급을 받기 위하여 이 사건 지급명령신청에 이른 것입니다.

- 끝 -

접수방법

1. 관할법원

　이 사건은 공사대금 청구이므로 의무이행지인 채권자의 주소지인 제주지방법원 서귀포법원이 관할법원이고, 채무자의 보통재판적 주소지는 제주지방법원이기 때문에 채권자는 아래의 관할법원 중에서 유리한 곳으로 선택하여 지급명령신청을 하시면 됩니다.

　제주지방법원 서귀포시법원

　제주특별자치도 서귀포시 일주동로 8690(서홍동)

　전화번호 064) 730 - 0550

　제주지방법원

　제주특별자치도 제주시 이도2동 남광북5길 3,(이도2동)

　전화번호 064) 729 - 2000

2. 수입인지 계산

　이 사건은 청구금액이 금 4,800,000이므로 4,800,000×0.005÷10= 2,400원입니다.

　산출된 인지액이 1,000원 미만인 때에는 1,000원의 인지를 붙

여야 하고, 1,000원 이상인 경우 100원 미만의 단수가 있는 때에는 그 단수는 계산하지 아니합니다.

3. 송달료금 계산

송달료는 1회분이 4,500원입니다.

이 사건은 채권자1인 채무자1인이므로 각 6회분씩 총 12회분의 금 54,000원이 됩니다.

4. 준비서류

1) 지급명령신청서 1통, 2) 당사자표시 3통, 3) 수입인지 납부서 1통, 4) 송달료 납부서 1통, 5) 소 갑제1호증 공사계약서 첨부

5. 제출하는 방법

채권자는 지급명령신청서 1통을 프린트하여 후면에 소 갑제1호증 공사약정서 1통을 첨부하고 이어서 당사자표시 3통을 작성하여야 합니다.

제주지방법원 서귀포시법원에 접수하실 경우 서귀포시법원에서는 법원 안에 수납은행이 상주하지 않으므로 먼저 서귀포시법원 전화번호 064) 730-0550으로 전화하여 인지와 송달료의 수납

은행을 알려달라고 하여 이동하시면 아마 법원과 가까운 수납은행을 안내하면 그 수납은행의 창구에 인지(소송등 인지의 현금납부서) 3장으로 구성된 것을 작성하고 송달료(예납·추납)납부서 3장으로 구성된 것을 같이 작성해 내시면 수납창구에서 인지에 대해서는 소송등 인지의 현금영수필확인서와 같은 영수증을 돌려주고 송달료에 대해서는 법원제출용과 영수증을 주면 영수증은 잘 보관하시고 서귀포시법원으로 가서 지급명령신청 독촉계에 내시면 '차'자로 된 사건번호를 적어오면 그 다음날 오후부터 대법원 나의 사건 검색창에서 위 사건번호로 사건진행상황을 모두 확인할 수 있습니다.

제주지방법원에 접수하실 경우 제주지방법원에서는 법원 안에 수납은행이 상주하고 있으므로 그 수납은행의 창구에 인지(소송등 인지의 현금납부서) 3장으로 구성된 것을 작성하고 송달료(예납·추납)납부서 3장으로 구성된 것을 같이 작성해 내시면 수납창구에서 인지에 대해서는 소송등 인지의 현금영수필확인서와 같은 영수증을 돌려주고 송달료에 대해서는 법원제출용과 영수증을 주면 영수증은 잘 보관하시고 종합민원실로 가서 지급명령신청 독촉계에 내시면 '차'자로 된 사건번호를 적어오면 그 다음날 오후부터 대법원 나의 사건 검색창에서 위 사건번호로 사건진행상황을 모두 확인할 수 있습니다.

또한 직접 법원으로 가실 수 없는 경우에는 위와 같이 지급명령신청서 1통, 당사자표시 3통을 작성하여 소송등 인지의 현

금납부서와 송달료 예납·추납 납부서에 의하여 납부한 다음 가까운 우체국으로 가서 위 주소지로 청주지방법원 독촉사건 담당자 앞으로 보내신 후 3일 후 법원으로 전화하여 사건번호를 물어보시면 사건번호를 알려줍니다.

제7절 /

지급명령(독촉절차) 인터넷신청

1. 신청서 제출

지급명령(독촉절차) 인터넷신청은 전자독촉시스템/인터넷(대법원 홈페이지 인터넷 http://scuet.go.kr)을 통하여 사건정보, 채권자정보, 채무자정보, 대리인정보, 첨부서류 순으로 지급명령신청서를 작성하고 소송비용은 지급명령신청서 제출 직전에 전자적으로 납부할 수 있으며 소송비용이 납부된 경우에만 지급명령신청서가 인터넷을 통하여 법원에 제출됩니다.

2. 신청서 작성

대법원 홈페이지 전자파일링에서의 지급명령신청은 본인이 직접 작성한 지급명령신청서를 전자적으로 제출할 수 있으며, 제출자는 사전에 독촉사건 전자파일링 시스템에 사용자 등록을 하여야 합니다.

본인이 직접 제출하고자 할 때는 본인의 공인인증서를 사용하며, 공인인증서를 사용하여 시스템에 로그인합니다.

제출자가 법인일 경우에는 법인의 공인인증서를 사용하여

야 합니다.

지급명령신청서 작성은 1) 사건정보입력, 2) 채권자 정보입력, 3) 채무자 정보입력, 4) 대리인 정보입력, 5) 첨부서류 입력 등으로 5단계로 이루어져 있으며, 각 단계를 순서대로 작성한 후, 인지액, 송달료를 전자지불(납부)하면 독촉사건 전자파일링 시스템은 자동으로 지급명령신청서를 생성하여 제출할 수 있게 합니다.

3. 사건의 접수

채권자가 지급명령신청서를 제출하면 전자독촉시스템은 사건을 접수하고 제출결과화면에 접수된 사건번호 확인이 가능합니다.

4. 지급명령 결정

법관은 인터넷으로 신청한 지급명령신청서를 검토하여 1) 지급명령결정, 2) 보정명령, 3) 소송절차회부결정을 하게 됩니다.

5. 채무자에게 송달

지급명령결정은 채무자에게 특별송달 우편으로 송달합니다.

6. 주소보정 명령

채권자가 지급명령신청서에 기입한 주소에 채무자가 실제로 거주하지 않는 등의 이유로 지급명령정본이 송달되지 않으면 채권자는 채무자의 주소를 보정하여야 합니다.

주소보정이 어려울 경우에는 지급명령신청서를 소제기 신청을 할 수 있습니다.

주소보정명령은 대법원 인터넷 '문서확인 및 제출'의 '명령결정확인'에서 확인하고 '주소보정서제출' 메뉴에서 보정하여 제출하면 됩니다.

전자송달한 지 2주일(14일)이 지나면 명령/결정을 확인한 것으로 간주되고 채권자가 보정기간을 도과한 경우에는 지급명령신청서가 각하되기 때문에 채권자는 이점을 각별히 주의할 필요가 있습니다.

7. 이의신청

채권자는 대법원 인터넷에서 '명령결정 등 확인' 메뉴에서 이의신청통지서를 확인하고 '이의신청/소송절차회부서 인지액 등 보정'에서 전자결제로 인지액 등을 보정하여야 합니다.

8.지급명령 확정

　　채무자에게 지급명령정본이 송달한 후 2주일(14일)이 지나
도 채무자가 이의신청을 하지 않으면 사건은 지급명령결정으로
확정되고 채권자는 대법원 인터넷에서 '명령결정확인' 메뉴에서
지급명령결정을 확인하고 법적인 효력이 있는 지급명령결정 정
본을 출력할 수 있습니다.

■ 대한실무법률편찬연구회 ■

연구회 발행도서
-2018년 소법전
-법률용어사전
-고소장 작성방법과 실무
-탄원서 의견서 작성방법과 실무
-소액소장 작성방법과 실무
-항소 항고 이유서 작성방법과 실제
-지급명령 신청방법

공사대금 지급명령
신청과 사례작성방법의 실제   정가 16,000원

2018年 8月 5日 1판 인쇄
2018年 8月 10日 1판 발행
편   저 : 대한실무법률편찬연구회
발 행 인 : 김 현 호
발 행 처 : 법문 북스
공 급 처 : 법률미디어

   서울 구로구 경인로 54길4 (우편번호 : 08278)
   TEL : (02)2636-2911~2, FAX : (02)2636~3012
   등록 : 1979년 8월 27일 제5-22호
   Home : www.lawb.co.kr

┃ISBN 978-89-7535-682-7 (13360)
┃이 도서의 국립중앙도서관 출판예정도서목록(CIP)은 서지정보유통지원시스템 홈페이
  지(http://seoji.nl.go.kr)와 국가자료공동목록시스템(http://www.nl.go.kr/kolisnet)에서
  이용하실 수 있습니다. (CIP제어번호 : CIP2018023928)
┃파본은 교환해 드립니다.
┃본서의 무단 전재·복제행위는 저작권법에 의거, 3년 이하의
  징역 또는 3,000만원 이하의 벌금에 처해집니다.

머 리 말

　　지급명령이란 금전 기타 대체물 또는 유가증권의 일정한 수량의 지급을 목적으로 하는 청구에 관하여 채권자에게 간이·신속한 방법으로 집행권원을 얻을 수 있도록 하는 민사소송법이 마련한 특별소송절차입니다.

　　지급명령신청은 하나의 소송절차임에도 불구하고 소제기·변론·판결이 없다는 점, 채권자나 채무자를 소환하거나 심문을 하지 않고, 소명방법이 불필요하며, 인지액이 일반소송에 비하여 10/1밖에 되지 않고 송달료가 저렴하다는 점 등이 대표적인 특징입니다.

　　따라서 지급명령신청은 주로 서면심리에 의하고 채권자의 지급명령신청만을 근거로 하여 각하사유가 없으면 곧바로 지급명령을 발합니다.

　　채무자가 지급명령정본을 송달받고 2주일(14일) 내에 이의신청을 하지 않을 경우 지급명령은 확정되고 확정된 지급명령에는 판결과 같은 집행력이 부여됩니다.

　　채권자는 지급명령신청을 이용할 수도 있고, 이행의 소를 제기할 수도 있는 선택의 자유를 가집니다. 그러나 지급명령에 대하여 이의기간 내에 채무자의 이의신청이 있으면 다시 소송절차로 옮겨져 정식소송이 제기된 것으로 보며, 법원은 민사소송법

제472조에 의하여 변론기일을 지정하여 재판하게 됩니다.

지급명령신청은 채무자의 보통재판적 소재지의 지방법원, 근무지 또는 사무소 · 영업소 소재지 관할법원의 전속관할에 속하며 민사소송법 제8조에 따른 거소지 또는 의무이행지 법원이 관할법원에 추가됨에 따라 채권자는 자기의 주소지 법원에 지급명령을 신청할 수 있으므로 대여금을 회수하기 위해 강제집행을 할 수 있는 집행권원을 얻어야 하는 채권자에게 적극 권장하고 싶습니다.

대한실무법률편찬연구회　18년 7월

차 례

1장 지급명령신청 시 방법과 절차

제1절 /

지급명령신청에 대하여 꼭 알아야 할 사항

1. 지급명령신청을 하려면 채무자의 인적사항을 제대로 아는 경우 신청하여야 합니다.

첫째, 지급명령신청에는 공시송달을 할 수 없기 때문에 지급명령이 채무자에게 송달되지 않으면 채무자에 대한 주민등록번호를 알지 못하는 경우 주소 등을 조회할 수 없으므로 지급명령신청이 각하될 수 있기 때문입니다.

둘째, 채무자의 인적사항이 지급명령에 누락된 채 지급명령이 채무자에게 송달되어 확정되었다 하더라도 후일 채무자를 상대로 강제집행을 하려고 해도 집행력 있는 지급명령정본에 채무자의 주민등록번호가 없으면 동일인임을 증명할 수 없기 때문에 채무자를 비롯하여 그 가족들이 강제집행을 거부할 경우 강제집행을 할 수 없습니다.

2. 지급명령신청에는 사실조회신청이 허용되지 않으므로 채무자에 대한 인적사항을 제대로 알지 못하고 채무자의 기본정보 즉 휴대전화나 계좌번호나 사업자등록번호 등으로 사실조회를 하여 인적사항을 알아내야 한다면 바로 일반소송으로 제기하는 것이 훨씬 수월하게 해결할 수 있습니다.

3. 대부분은 채무자의 인적사항을 모르는 상황에서 지급명령 신청을 하였다가 채무자의 인적사항을 모르는 바람에 상당한 시일이 지나도록 지급명령정본을 송달을 하지 못하고 있다가 한참 후에서야 소제기신청을 하는 등 어려움을 겪고 시간은 시간대로 지체되거나 결국 지급명령은 주소를 보정하지 못하여 각하될 수도 있습니다.

4. 그래서 지급명령신청은 보충송달 등의 방법으로 지급명령을 채무자에게 송달할 수 있는 경우는 독촉절차에 의할 수 있으나 채무자에게 공시송달만이 가능한 경우를 위하여 두 가지 길을 마련하고 있습니다.

하나는, 채권자는 법원으로부터 채무자의 주소를 보정하라는 명령을 받은 경우에 소제기신청을 할 수 있으며,

또 하나는 지급명령을 채무자에게 공시송달에 의하지 아니하고는 송달할 수 없거나 외국으로 송달하여야 할 경우 법원은 직권에 의한 결정으로 사건을 소송절차에 부칠 수 있습니다.

5. 소제기신청으로 지급명령신청 사건이 본안법원으로 옮겨진 경우 본안법원의 재판장은 채권자가 공시송달에 의한 판결을 받을 목적으로 소제기신청을 하고 채무자의 주민등록이 직권 말소되어 공시송달의 요건을 갖추고 있는 경우 바로 변론기일을 지정

하고 공시송달 할 것을 명하고 변론을 종결할 수 있도록 준비할
것을 명하여야 합니다.

제2절 /

관할법원에 대한 이해

    지급명령신청의 관할법원은 채무자의 보통재판적이 있는 곳의 지방법원이나 민사소송법 제7조 근무지, 제8조 거소지 또는 의무이행지, 제9조 어음 또는 수표의 지급지, 제12조 사무소 또는 영업소 소재지, 또는 제18조 불법행위지를 관할하는 지방법원의 전속관할로 되어 있습니다.(민사소송법 제463조 참조)

    지급명령신청의 사물관할은 소송목적의 값과 관계없이 단독사건으로 시법원이나 군법원이 설치된 경우는 그 곳의 판사(법원조직법 제34조 제1항 제2호 참조) 또는 지방법원 또는 지원의 경우 사법보좌관(법원조직법 제54조 제2항 제1호 참조)의 업무에 속합니다.

    민사소송법 제8조에 따른 거소지 또는 의무이행지 법원이 관할법원으로 추가됨에 따라 채권자는 자기의 주소지 지방법원이나 지원 또는 시법원이나 군법원에 지급명령신청을 할 수 있습니다.

    현재 법원의 전산정보처리시스템에 의하여 지급명령신청을 전자적 처리로 절차가 진행되고 있으나 직접 전자독촉에서 지급명령신청을 작성하여야 합니다.

그러나 관련사건의 관할(제25조), 합의관할(제29조), 변론관할(제30조) 등의 규정은 적용되지 않습니다.

다만, 예외적으로 방문판매등에관한법률 제57조(독점규제 및 공정거래에 관한 법률의 준용), 할부거래에관한법률 제16조(소비자의 항변권)가 각기 소비자를 보호하기 위하여 소비자(매수인)의 주소, 거소지 관할법원을 전속관할로 규정하고 있습니다.

지급명령신청은 위에서 본 전속관할을 위반하면 독촉절차의 특성에 따라 관할법원으로 이송하지 아니하고 각하합니다.

지급명령신청은 청구금액에 제한이 없이 지방법원이나 지방법원지원에서는 단독판사 또는 사법보좌관이 담당하고, 시법원이나 군법원에서도 지급명령신청을 처리합니다.

제3절 /

지급명령신청 시 첨부하는 인지대 계산하는 방법

지급명령신청에는 제1심 소장에 붙일 인지의 10분지 1에 해당하는 인지를 붙여야 합니다.

지급명령신청에 붙여야할 인지액 계산은 소제기에 준하여 소송목적의 값을 정하고 이에 따른 인지액을 아래와 같이 산출한 후 그 10분의 1에 해당하는 인지를 지급명령신청에 붙이면 됩니다.

다만, 대법원 규칙이 정하는 바에 의하여 인지의 첨부에 갈음하여 당해 인지액 상당의 금액을 현금이나 신용카드 또는 직불카드 등으로 납부하게 할 수 있는바, 현행 규정으로는 지급명령신청에 첨부할 인지액이 10,000원 이상일 경우에는 현금으로 납부하여야 하고, 또한 인지액 상당의 금액을 현금으로 납부할 경우 이를 수납은행 또는 인지납부대행기관의 인터넷 홈페이지에서 인지납부대행기관을 통하여 신용카드 등으로도 납부할 수 있습니다.(민사소송 등 인지규칙 제27조 제1항 및 제28조의2 제1항).

1. 소송목적의 값이 1,000만 원 미만의 경우
소가×0.005÷10 = 인지액입니다.

예를 들어 청구금액이 9,876,543원이면 9,876,543×0.005÷10 = 4,938원이 되는데 여기서 끝부분 100원 미만을 버리면 실제 납부할 인지는 4,900원이 됩니다.

2. 소송목적의 값이 1,000만 원 이상 1억 원 미만의 경우

소가×0.0045+5,000÷10 = 인지액입니다.

예를 들어 청구금액이 22,972,500원이면 22,972,500×0.0045 +5,000÷10= 10,037원이 되는데 여기서 끝부분 100원 미만을 버리면 실제 납부할 인지는 10,800원이 됩니다.

3. 소송목적의 값이 1억 원 이상 10억 원 미만의 경우

소가×0.0040+55,000÷10 = 인지액입니다.

예를 들어 청구금액이 876,123,871원이면 876,123,871×0.0040 +55,000÷10= 355,949원이 되는데 여기서 끝부분 100원 미만을 버리면 실제 납부할 인지는 355,900원이 됩니다.

4. 소송목적의 값이 10억 원 이상 청구금액에 제한이 없음

소가×0.0035+555,000÷10 = 인지액입니다.

예를 들어 청구금액이 3,123,987,345원이면 3,123,987,345× 0.0035+555,000÷10= 1,148,895원이 되는데 여기서 끝부분 100원 미만을 버리면 실제 납부할 인지는 1,148,800원이 됩니다.

산출된 인지액이 1,000원 미만인 때에는 1,000원의 인지를 붙여야 하고, 1,000원 이상인 경우 100원 미만의 단수가 있는 때에

는 그 단수는 계산하지 아니합니다.(인지법 제7조 제4항, 제2조
제2항 참조)

제4절 /

지급명령신청 시 예납하는 송달료 계산하는 방법

지급명령신청에는 송달료를 예납하여야 합니다.

송달료 1회분은 4,500원입니다.

지급명령신청 시에는 송달료규칙처리에 따른 예규에 의하면 당사자 1인당 6회분을 예납시키고 있습니다.

송달료 계산은 채권자1인 채무자1인을 기준으로 하여 각 6회분씩 총 12회분의 금 54,000원의 송달료를 예납하고 그 납부서를 지급명령신청에 첨부하면 됩니다.

여기서 당사자 1인 추가 시 추가 1인당 6회분의 금 27,000원의 송달료를 기준금액에 합산한 금액을 납부하여 지급명령신청에 첨부하면 됩니다.

예를 들어 채권자1인 채무자3인의 경우 6회분×4인의 총 24회분의 금 108,000원의 송달료를 예납하고 그 납부서를 지급명령신청에 첨부하면 됩니다.

제5절 /

지급명령절차

　가, 지급명령 심리

　　　　지급명령은 각하사유가 없으면 곧바로 지급명령을 발합니
다. 지급명령은 채권자의 일방적인 주장 만에 의하여 지급명령
을 발하기 때문에 지급명령이 송달된 후 채무자는 이의신청을
할 수 있고, 채무자의 이의신청이 있으면 지급명령신청은 통상
의 소송절차로 바뀌게 됩니다.

　　　　다시 말하자면 지급명령은 채권자의 소명도 필요 없으며,
법원으로서는 신청에 표시된 청구취지와 청구원인만을 근거로
하여 지급명령을 발하게 됩니다.

　　　　그러므로 지급명령은 채권자의 지급명령신청에 의한 채무
자에의 이행명령으로서 그 명칭은 지급명령이고 성질은 지급명
령결정입니다.

　　　　지급명령신청에 대한 심리는 주로 서면심리에 의합니다.
즉 지급명령신청서를 심사하여 기재사항의 누락, 인지, 송달료
의 부족 등 흠이 있는 경우 보정할 수 없는 흠에 대하여는 바로
각하하고, 보정할 수 있는 흠에 대하여는 기간을 정하여 보정을

명하고 불응할 때에는 각하하여야 합니다.

나, 지급명령정본 채무자에게 송달

법원에서는 지급명령이 발령되면 지급명령정본은 독촉절차안내서와 함께 채무자에게 먼저 송달하고, 지급명령이 채무자에게 적법하게 송달되면 재판사무시스템에 송달일자를 공증하고, 이어서 지급명령이 확정판결과 같은 효력을 가지게 된 때에는 재판사무시스템이 확정일자를 공증합니다.

위의 경우 지급명령정본의 채무자 표시 옆으로 송달일자와 확정일자가 표시된 지급명령의 정본 표지를 전산 출력하여 날인하는 방식으로 채권자에게 송달할 정본을 작성하여 채권자에게 송달합니다.

이때 채권자는 법원으로부터 지급명령정본을 송달받으면 바로 채무자를 상대로 강제집행을 실시할 수 있습니다.

다, 주소보정

법원은 채무자에 대하여 지급명령정본이 송달불능 된 때에는 채권자에게 주소보정을 하게 됩니다.

라, 소제기신청

채권자는 법원으로부터 채무자의 주소에 대한 보정명령을 받은 경우 소제기신청을 할 수 있습니다.

지급명령신청은 채권자의 소제기신청에 의하여 사건이 소송으로 이행되고 채권자가 보정명령에 따라 인지를 보정하면 관할법원으로 송부합니다.

마, 본안법원에서의 공시송달

본안법원의 재판장은 채권자가 공시송달에 의한 판결을 받을 목적으로 소제기신청을 하고, 채무자의 주민등록이 직권 말소되어 공시송달의 요건을 갖추고 있는 경우 공시송달 할 것을 명하고 변론을 종결할 수 있도록 준비할 것을 명하여야 합니다.

바, 지급명령신청의 각하

다음의 경우에는 지급명령신청을 각하하여야 합니다.

첫째, 관할에 위반한 때(민사소송법 제463조)로, 독촉사건의 관할은 전속관할이므로 채무자의 보통재판적 소재지. 근무지, 거소지 또는 의무이행지, 어음·수표의 지급지, 사무소·영업소가 있는 사람에 대하여 그 사무소 또는 영업소, 불법행위지

외의 관할을 원인으로 한 관할위반은 이송할 것이 아니라 각하하여야 합니다.

둘째, 독촉절차가 적용될 수 없는 청구권에 대한 지급명령신청일 때(민사소송법 제462조 본문), 말하자면 특정물인도청구, 소유권이전등기청구, 채무부존재확인청구 등에 관하여 지급명령신청을 한 때입니다.

셋째, 지급명령신청의 취지로 보아 청구에 정당한 이유가 없는 것이 명백한 때에는 지급명령신청을 각하하여야 합니다. 예컨대 이자제한법에 위배된 청구인 때에도 각하할 사유에 해당합니다. 청구의 일부에 대하여 지급명령을 할 수 없는 때에 그 일부에 대하여도 각하하여야 합니다.

넷째, 지급명을 공시송달에 의하지 아니하고는 송달할 수 없는 경우 청구원인을 소명하여야 하고 청구원인의 소명이 없는 때에는 결정으로 그 지급명령신청을 각하하여야 합니다.

사, 지급명령에 대한 이의신청

채무자는 지급명령정본을 송달받은 날부터 2주일(14일) 이내에 이의신청을 할 수 있습니다.

지급명령에 대하여 이의신청이 있으면 지급명령은 그 범

위 내에서 실효되고 이의 신청된 청구목적의 값에 한하여 지급명령신청 시에 소의 제기가 있는 것으로 간주하여 바로 소송절차로 옮겨집니다.

이의신청에는 특별한 방법이 없으므로 지급명령에 응할 하등의 이유가 없다는 취지만 명시되면 족하고 불복의 이유나 방어방법까지 이의신청에서 밝힐 필요는 없습니다.

아, 지급명령의 확정

지급명령에 대하여 이의신청이 없는 경우 지급명령은 확정판결과 같은 효력이 있습니다.

또한 채무자가 이의신청을 취하하였거나 이의신청이 각하되어 확정된 때에도 지급명령은 그와 같은 효력이 발생합니다.

다만, 여기서 말하는 확정판결과 같은 효력이 있다는 것은 집행력을 의미하는 것이지 판결과 같은 기판력이 인정되는 것은 아닙니다.

제6절 지급명령신청 실전 사례

【지급명령신청서1】 대여금 청구 약정이자를 정하고 대여하였으나 원금만 일부 변제
하고 잔액을 지급하지 않아 원리금을 청구하는 사례

지급명령신청서

채 권 자 :　○　　○　　○

채 무 자 :　○　　○　　○

소송물 가액금	금 13,500,000원	
첨부할 인지액	금 6,500원	
첨부한 인지액	금 6,500원	
납부한 송달료	금 54,000원	
비　　　고		

순천지원 고흥군법원 귀중

지급명령신청서

1. 채권자

성 명	○ ○ ○	주민등록번호	생략
주 소	전라남도 고흥군 고흥읍 ○○로 ○○○		
직 업	농업　사무실주소	생략	
전 화	(휴대폰) 010 - 1248 - 0000		
대리인에 의한 신 청	□ 법정대리인 (성명 :　　, 연락처　　) □ 소송대리인 (성명 : 변호사, 연락처　　)		

2. 채무자

성 명	○ ○ ○	주민등록번호	생략
주 소	전라남도 고흥군 고흥읍 터미널길 ○○, ○○○호		
직 업	상업　사무실주소	알지 못합니다.	
전 화	(휴대폰) 010 - 9901 - 0000		
기타사항	이 사건 채무자입니다.		

3. 대여금청구의 독촉사건

신청취지

채무자는 채권자에게 아래의 청구금액 및 독촉절차비용을 지급하라.

라는 지급명령을 구합니다.

1. 금 13,500,000원

2. 위 1항의 금액에 대하여 ○○○○. ○○. ○○.부터 지급
   명령결정정본이 송달된 날까지는 연 5%의, 그 다음날부
   터 다 갚는 날까지 연 15%의 비율에 의한 금원.

3. 독촉절차 비용 60,500원(내역 : 송달료 54,000원, 인지대
   6,500원)

신청이유

1. 채권자는 채무자에게 ○○○○. ○○. ○○. 금 13,500,000원을
   대여해 주면서 변제기한은 정하지 않고 채무자가 신청 외 ○○
   ○으로부터 곗돈을 ○○○○. ○○. ○○.타면 갚겠다는 약속
   으로 채무자가 거래하는 농협은행 계좌로 송금하였습니다.

2. 그런데 채무자는 위 약속한 ○○○○. ○○. ○○.이 훨씬
   지나도록 위 대여금을 변제하지 않아 채권자가 신청 외 ○○
   ○에게 찾아가 사실을 확인한 바에 의하면 채무자는 ○○○
   ○. ○○. ○○.이미 곗돈을 탔음에도 불구하고 지금까지 변
   제를 차일피일 지체하고 있습니다.

3. 따라서 채권자는 채무자에게 위 대여금 13,500,000원 및 이에
   대한 변제하기로 약속한 날 그 다음날인 ○○○○. ○○. ○
   ○.부터 이 사건 지급명령결정정본을 송달 받는 날까지는 연
   5%의, 그 다음날부터 다 갚는 날까지는 소송촉진등에관한특
   례법에서 정한 연 15%의 각 비율에 의한 이자, 지연손해금

및 독촉절차비용을 합한 금액의 지급을 받기 위하여 이 사건 지급명령신청에 이른 것입니다.

소명자료 및 첨부서류

1. 소 갑제1호증   계좌이체 한 송금영수증
1. 송달료납부서
1. 인지납부확인서

○○○○ 년 ○○ 월 ○○ 일

위 채권자 : ○ ○ ○ (인)

순천지원 고흥군법원 귀중

당사자표시

1. 채권자

성 명	○ ○ ○	주민등록번호	생략
주 소	전라남도 고흥군 고흥읍 ○○로 ○○○		
직 업	농업	사무실 주 소	생략
전 화	(휴대폰) 010 - 1248 - 0000		
대리인에 의한 신 청	☐ 법정대리인 (성명 : , 연락처) ☐ 소송대리인 (성명 : 변호사, 연락처)		

2. 채무자

성 명	○ ○ ○	주민등록번호	생략
주 소	전라남도 고흥군 고흥읍 터미널길 ○○, ○○○호		
직 업	상업	사무실 주 소	알지 못합니다.
전 화	(휴대폰) 010 - 9901 - 0000		
기타사항	이 사건 채무자입니다.		

3. 대여금청구의 독촉사건

신청취지

채무자는 채권자에게 아래의 청구금액 및 독촉절차비용을 지급하라.

라는 지급명령을 구합니다.

1. 금 13,500,000원

2. 위 1항의 금액에 대하여 ○○○○. ○○. ○○.부터 지급
   명령결정정본이 송달된 날까지는 연 5%의, 그 다음날부
   터 다 갚는 날까지 연 15%의 비율에 의한 금원.

3. 독촉절차 비용 60,500원(내역 : 송달료 54,000원, 인지대
   6,500원)

신 청 이 유

1. 채권자는 채무자에게 ○○○○. ○○. ○○. 금 13,500,000원을
   대여해 주면서 변제기한은 정하지 않고 채무자가 신청 외 ○○
   ○으로부터 곗돈을 ○○○○. ○○. ○○.타면 갚겠다는 약속
   으로 채무자가 거래하는 농협은행 계좌로 송금하였습니다.

2. 그런데 채무자는 위 약속한 ○○○○. ○○. ○○.이 훨씬
   지나도록 위 대여금을 변제하지 않아 채권자가 신청 외 ○○
   ○에게 찾아가 사실을 확인한 바에 의하면 채무자는 ○○○
   ○. ○○. ○○.이미 곗돈을 탔음에도 불구하고 지금까지 변
   제를 차일피일 지체하고 있습니다.

3. 따라서 채권자는 채무자에게 위 대여금 13,500,000원 및 이에
   대한 변제하기로 약속한 날 그 다음날인 ○○○○. ○○. ○
   ○.부터 이 사건 지급명령결정정본을 송달 받는 날까지는 연
   5%의, 그 다음날부터 다 갚는 날까지는 소송촉진등에관한특
   례법에서 정한 연 15%의 각 비율에 의한 이자, 지연손해금

및 독촉절차비용을 합한 금액의 지급을 받기 위하여 이 사건 지급명령신청에 이른 것입니다.

- 끝 -

접수방법

1. 관할법원

이 사건은 채권자나 채무자 모두 주소가 전라남도 고흥군이 므로 전라남도 고흥군 고흥읍 터미널길7 소재 광주지방법원 순 천지원 고흥군법원 (061) 833-0180)이 관할법원입니다.

2. 수입인지 계산

이 사건의 청구금액은 금 13,500,000원이므로 13,500,000× 0.0045+5,000÷10 = 6,575원이 됩니다. 여기서 끝부분 100미만 을 버리면 실제 납부할 인지액은 금 6,500원입니다.

산출된 인지액이 1,000원 미만인 때에는 1,000원의 인지를 붙 여야 하고, 1,000원 이상인 경우 100원 미만의 단수가 있는 때에 는 그 단수는 계산하지 아니합니다.

3. 송달료금 계산

송달료는 1회분이 4,500원입니다. 이 사건은 채권자1인 채무 자1인이므로 각 6회분씩 총 12회분의 금 54,000원이 됩니다.

4. 준비서류

　　1) 지급명령신청서 1통, 2) 당사자표시 3통, 3) 수입인지 납부서 1통, 4) 송달료 납부서 1통, 5) 소 갑제1호증 계좌이체 한 송금영수증

5. 제출하는 방법

　　채권자는 먼저 지급명령신청서 1통을 프린트한 다음 소 갑제1호증 계좌이체 한 송금영수증을 첨부하고 이어서 당사자표시를 3통을 프린트하여 관할법원은 전라남도 고흥군 고흥읍 터미널길 7에 있는 광주지방법원 순천지원 고흥군법원 (061) 833-0180)이므로 인지 및 송달료를 납부할 수납은행이 없으므로 고흥군법원으로 전화하여 수납은행의 위치를 확인하고 출발하시면 번거로움을 줄일 수 있습니다.

수납은행에 도착하면 인지(소송등 인지의 현금납부서) 3장으로 구성된 용지와 송달료(예납·추납)납부서 3장으로 구성된 용지를 같이 작성해 수납은행 창구에 내시면 수납창구에서 인지에 대해서는 소송등 인지의 현금영수필확인서와 영수증을 송달료에 대해서는 법원제출용과 영수증을 주면 영수증은 잘 보관하시고 고흥군법원에 내시면 사건번호 '차' 자로 된 번호를 적어오고 그 다음날 오후부터 대법원 나의 사건 검색창에서 위 사건번호로 사건진행상황을 모두 확인할 수 있습니다.

지급명령신청서

채 권 자 : ○   ○   ○

채 무 자 : ○   ○   ○

소송물 가액금	금	7,000,000원
첨부할 인지액	금	3,500원
첨부한 인지액	금	3,500원
납부한 송달료	금	54,000원
비 고		

대전지방법원 홍성지원 귀중

지급명령신청서

1. 채권자

성 명	○ ○ ○	주민등록번호	생략
주 소	충청남도 홍성군 홍성읍 ○○로 ○○(월산리)		
직 업	상업	사무실 주 소	생략
전 화	(휴대폰) 010 - 7786 - 0000		
대리인에 의한 신 청	□ 법정대리인 (성명 : , 연락처) □ 소송대리인 (성명 : 변호사, 연락처)		

2. 채무자

성 명	○ ○ ○	주민등록번호	생략
주 소	충청남도 예산군 예산읍 벚꽃로 ○○○, ○○호		
직 업	농업	사무실 주 소	알지 못합니다.
전 화	(휴대폰) 010 - 1345 - 0000		
기타사항	이 사건 채무자입니다.		

3. 대여금청구의 독촉사건

신청취지

채무자는 채권자에게 아래의 청구금액 및 독촉절차비용을 지급하라.

라는 지급명령을 구합니다.

1. 금 7,000,000원

2. 위 1항의 금액에 대하여 지급명령결정정본이 송달된 그 다음날부터 다 갚는 날까지 연 15%의 비율에 의한 금원.

3. 독촉절차 비용 57,500원(내역 : 송달료 54,000원, 인지대 3,500원)

신청이유

1. ○○○○. ○○. ○○. 채무자가 채권자에게 찾아와서 7,000,000원을 빌려주면 사과를 수확하여 바로 갚겠다는 말을 믿고 차용증도 받지 않고 돈을 빌려주었습니다.

2. 그런데 채무자가 재배하던 사과는 수확이 이미 끝났음에도 불구하고 위 대여금을 지급하지 않아 채권자는 채무자에게 ○○○○. ○○. ○○. 내용증명을 발송하고 위 대여금을 변제해 달라고 독촉하였으나 채무자는 지금까지 이에 응하지 않고 있습니다.

3. 따라서 채권자는 채무자에게 위 대여금 7,000,000원 및 이에 대한 지급명령결정정본이 송달된 그 다음날부터 다 갚는 날까지 소송촉진등에관한특례법에서 정한 연 15%의 비율에 의한 지연손해금 및 독촉절차비용을 합한 금액의 지급을 구하기 위하여 이 사건 신청에 이른 것입니다.

소명자료 및 첨부서류

1. 소 갑제1호증   내용증명서

1. 송달료납부서

1. 인지납부확인서

○○○○ 년 ○○ 월 ○○ 일

위 채권자 : ○ ○ ○   (인)

대전지방법원 홍성지원 귀중

당사자표시

1. 채권자

성　　명	○ ○ ○	주민등록번호	생략
주　　소	충청남도 홍성군 홍성읍 ○○로 ○○(월산리)		
직　　업	상업	사무실 주　소	생략
전　　화	(휴대폰) 010 - 7786 - 0000		
대리인에 의한 신　　청	□ 법정대리인 (성명 :　　　,　　　연락처　　　　　) □ 소송대리인 (성명 : 변호사, 연락처　　　　　)		

2. 채무자

성　　명	○ ○ ○	주민등록번호	생략
주　　소	충청남도 예산군 예산읍 벚꽃로 ○○○, ○○호		
직　　업	농업	사무실 주　소	알지 못합니다.
전　　화	(휴대폰) 010 - 1345 - 0000		
기타사항	이 사건 채무자입니다.		

3. 대여금청구의 독촉사건

신청취지

채무자는 채권자에게 아래의 청구금액 및 독촉절차비용을 지급하라.

라는 지급명령을 구합니다.

1. 금 7,000,000원

2. 위 1항의 금액에 대하여 지급명령결정정본이 송달된 그 다음날부터 다 갚는 날까지 연 15%의 비율에 의한 금원.

3. 독촉절차 비용 57,500원(내역 : 송달료 54,000원, 인지대 3,500원)

신청이유

1. ○○○○. ○○. ○○. 채무자가 채권자에게 찾아와서 7,000,000원을 빌려주면 사과를 수확하여 바로 갚겠다는 말을 믿고 차용증도 받지 않고 돈을 빌려주었습니다.

2. 그런데 채무자가 재배하던 사과는 수확이 이미 끝났음에도 불구하고 위 대여금을 지급하지 않아 채권자는 채무자에게 ○○○○. ○○. ○○. 내용증명을 발송하고 위 대여금을 변제해 달라고 독촉하였으나 채무자는 지금까지 이에 응하지 않고 있습니다.

3. 따라서 채권자는 채무자에게 위 대여금 7,000,000원 및 이에 대한 지급명령결정정본이 송달된 그 다음날부터 다 갚는 날까지 소송촉진등에관한특례법에서 정한 연 15%의 비율에 의한 지연손해금 및 독촉절차비용을 합한 금액의 지급을 구하기 위하여 이 사건 신청에 이른 것입니다.

- 끝 -

접수방법

1. 관할법원

이 사건은 채권자의 주소지 법원이 대전지방법원 홍성지원이고, 채무자의 주소지 법원은 대전지방법원 홍성지원 예산군법원이므로 채권자는 관할법원을 아래의 유리한 곳으로 선택하여 지급명령을 신청할 수 있습니다.

    1) 대전지방법원 홍성지원

       충청남도 홍성군 홍성읍 법원로 38,(월산리 848)

       전화 041) 640-3100

    2) 대전지방법원 홍성지원 예산군법원

       충청남도 예산군 예산읍 벚꽃로 145(산성리 674-1)

       전화 041) 334-4387

2. 수입인지 계산

이 사건의 청구금액은 금 7,000,000원이므로 7,000,000×0.005÷10= 3,500원입니다.

산출된 인지액이 1,000원 미만인 때에는 1,000원의 인지를 붙여야 하고, 1,000원 이상인 경우 100원 미만의 단수가 있는 때에

는 그 단수는 계산하지 아니합니다.

3. 송달료금 계산

송달료는 1회분이 4,500원입니다. 이 사건은 채권자1인 채무자1인이므로 각 6회분씩 총 12회분의 금 54,000원이 됩니다.

4. 준비서류

1) 지급명령신청서 1통, 2) 당사자표시 3통, 3) 수입인지 납부서 1통, 4) 송달료 납부서 1통, 5) 소 갑제1호증 내용증명서

5. 제출하는 방법

채권자는 먼저 지급명령신청서를 프린트하기 전 관할법원을 홍성지원으로 낼 것인지 예산군법원으로 낼 것인지를 결정하여야 합니다.

홍성지원으로 낼 경우 지급명령신청서 1통을 프린트한 다음 소 갑제1호증 내용증명서를 첨부하고 이어서 당사자표시를 3통을 프린트하여 관할법원은 충청남도 홍성군 홍성읍 법원로 38, (월산리 848)에 있는 대전지방법원 홍성지원이므로 법원 안에 있는 수납은행으로 가시면 인지 소송등 인지의 현금납부서 3장으로 구성된 용지와 송달료 예납·추납 납부서 3장으로 구성된

용지를 같이 작성해 수납은행 창구에 내시면 수납창구에서 인지에 대해서는 소송등 인지의 현금영수필확인서와 영수증을 송달료에 대해서는 법원제출용과 영수증을 주면 영수증은 잘 보관하시고 홍성지원에 내시면 사건번호 '차' 자로 된 번호를 적어오시면 그 다음날 오후부터 대법원 나의 사건 검색창에서 위 사건번호로 사건진행상황을 모두 확인할 수 있습니다.

대전지방법원 홍성지원 예산군법원으로 낼 경우 지급명령신청서 1통을 프린트한 다음 소 갑제1호증 내용증명서를 첨부하고 이어서 당사자표시를 3통을 프린트하여 관할법원이 충청남도 예산군 예산읍 벚꽃로 145(산성리 674-1)에 있으므로 예산군법원에는 수납은행이 상주하지 않으므로 예산군법원 전화 041) 334-4387으로 전화하여 수납은행의 위치를 확인하고 수납은행으로 가시면 인지 소송등 인지의 현금납부서 3장으로 구성된 용지와 송달료 예납·추납 납부서 3장으로 구성된 용지를 같이 작성해 수납은행 창구에 내시면 수납창구에서 인지에 대해서는 소송등 인지의 현금영수필확인서와 영수증을 송달료에 대해서는 법원제출용과 영수증을 주면 영수증은 잘 보관하시고 대전지방법원 홍성지원 예산군법원에 내시면 사건번호 '차' 자로 된 번호를 적어오시면 그 다음날 오후부터 대법원 나의 사건 검색창에서 위 사건번호로 사건진행상황을 모두 확인할 수 있습니다.

【지급명령신청서3】 대여금 차용증 없이 빌려준 돈 300만원을 갚지 않아 문자메시지
를 보낸 사실을 근거로 하여 대여금을 청구하는 사례

지급명령신청서

채 권 자 : ○   ○   ○

채 무 자 : ○   ○   ○

소송물 가액금	금 3,000,000원
첨부할 인지액	금 1,500원
첨부한 인지액	금 1,500원
납부한 송달료	금 54,000원
비 고	

평택지원 안성시법원 귀중

지급명령신청서

1. 채권자

성 명	○ ○ ○	주민등록번호	생략
주 소	경기도 안성시 안성맞춤대로 ○○○,(당왕동)		
직 업	상업 / 사무실 주 소	생략	
전 화	(휴대폰) 010 - 7765 - 0000		
대리인에 의한 신 청	☐ 법정대리인 (성명 : , 연락처) ☐ 소송대리인 (성명 : 변호사, 연락처)		

2. 채무자

성 명	○ ○ ○	주민등록번호	생략
주 소	경기도 평택시 ○○로 ○○, ○○○호(동삭동)		
직 업	상업 / 사무실 주 소	알지 못합니다.	
전 화	(휴대폰) 010 - 2239 - 0000		
기타사항	이 사건 채무자입니다.		

3. 대여금청구의 독촉사건

신청취지

채무자는 채권자에게 아래의 청구금액 및 독촉절차비용을 지급하라.

라는 지급명령을 구합니다.

1. 금 3,000,000원

2. 위 1항의 금액에 대하여 지급명령결정정본이 송달된 그 다음날부터 다 갚는 날까지 연 15%의 비율에 의한 금원.

3. 독촉절차 비용 55,500원(내역 : 송달료 54,000원, 인지대 1,500원)

신청이유

1. 채권자와 채무자는 서로 같은 재래시장에서 장사를 하고 있는데 채무자가 ○○○○. ○○. ○○.채권자에게 찾아와서 3,000,000원을 빌려주면 거래처에서 수금하면 최소한 한 달 안에 갚겠다고 해서 채권자가 때마침 보관하던 돈을 채무자에게 빌려주었습니다.

2. 그런데 채무자는 한 달이 지나고 벌써 5개월이 지나도록 위 대여금을 지급하지 않아 수시로 찾아가 채무자에게 독촉하고 하물며 문자메시지까지 보내면서 변제를 요구하였으나 이제는 아예 채권자의 전화도 받지 않고 지금까지 변제하지 않고 있습니다.

3. 따라서 채권자는 채무자에게 위 대여금 3,000,000원 및 이에 대한 지급명령결정정본이 송달된 그 다음날부터 다 갚는 날까지 소송촉진등에관한특례법에서 정한 연 15%의 비율에 의한 지연손해금 및 독촉절차비용을 합한 금액의 지급을 구하

기 위하여 이 사건 지급명령신청에 이른 것입니다.

소명자료 및 첨부서류

1. 소 갑제1호증   문자메시지 내용
1. 송달료납부서
1. 인지납부확인서

○○○○ 년 ○○ 월 ○○ 일

위 채권자 : ○ ○ ○   (인)

평택지원 안성시법원 귀중

당사자표시

1. 채권자

성 명	○ ○ ○	주민등록번호	생략
주 소	경기도 안성시 안성맞춤대로 ○○○,(당왕동)		
직 업	상업	사무실 주 소	생략
전 화	(휴대폰) 010 - 7765 - 0000		
대리인에 의한 신 청	□ 법정대리인 (성명 : , 연락처) □ 소송대리인 (성명 : 변호사, 연락처)		

2. 채무자

성 명	○ ○ ○	주민등록번호	생략
주 소	경기도 평택시 ○○로 ○○, ○○○호(동삭동)		
직 업	상업	사무실 주 소	알지 못합니다.
전 화	(휴대폰) 010 - 2239 - 0000		
기타사항	이 사건 채무자입니다.		

3. 대여금청구의 독촉사건

신청취지

채무자는 채권자에게 아래의 청구금액 및 독촉절차비용을 지급하라.

라는 지급명령을 구합니다.

1. 금 3,000,000원

2. 위 1항의 금액에 대하여 지급명령결정정본이 송달된 그 다음날부터 다 갚는 날까지 연 15%의 비율에 의한 금원.

3. 독촉절차 비용 55,500원(내역 : 송달료 54,000원, 인지대 1,500원)

신청이유

1. 채권자와 채무자는 서로 같은 재래시장에서 장사를 하고 있는데 채무자가 ○○○○. ○○. ○○.채권자에게 찾아와서 3,000,000원을 빌려주면 거래처에서 수금하면 최소한 한 달 안에 갚겠다고 해서 채권자가 때마침 보관하던 돈을 채무자에게 빌려주었습니다.

2. 그런데 채무자는 한 달이 지나고 벌써 5개월이 지나도록 위 대여금을 지급하지 않아 수시로 찾아가 채무자에게 독촉하고 하물며 문자메시지까지 보내면서 변제를 요구하였으나 이제는 아예 채권자의 전화도 받지 않고 지금까지 변제하지 않고 있습니다.

3. 따라서 채권자는 채무자에게 위 대여금 3,000,000원 및 이에 대한 지급명령결정정본이 송달된 그 다음날부터 다 갚는 날까지 소송촉진등에관한특례법에서 정한 연 15%의 비율에 의한 지연손해금 및 독촉절차비용을 합한 금액의 지급을 구하기 위하여 이 사건 지급명령신청에 이른 것입니다.

- 끝 -

접수방법

1. 관할법원

이 사건은 채권자의 주소지 관할법원은 수원지방법원 평택지원 안성시법원이고, 채무자의 주소지 관할법원은 수원지방법원 평택지원이므로 채권자는 관할법원을 아래와 같이 유리한 곳으로 선택하여 지급명령을 신청할 수 있습니다.

1) 수원지방법원 평택지원 안성시법원

   경기도 안성시 안성맞춤대로 1188(당왕동)

   전화 031) 673-8596

2) 수원지방법원 평택지원

   경기도 평택시 평남로 1036(동삭동)

   전화 031) 650-3114

2. 수입인지 계산

이 사건의 청구금액은 금 3,000,000원이므로 3,000,000×0.005 ÷10 = 1,500원입니다.

산출된 인지액이 1,000원 미만인 때에는 1,000원의 인지를 붙여야 하고, 1,000원 이상인 경우 100원 미만의 단수가 있는 때에

는 그 단수는 계산하지 아니합니다.

3. 송달료금 계산

　송달료는 1회분이 4,500원입니다. 이 사건은 채권자1인 채무자1인이므로 각 6회분씩 총 12회분의 금 54,000원이 됩니다.

4. 준비서류

　1) 지급명령신청서 1통, 2) 당사자표시 3통, 3) 수입인지 납부서 1통, 4) 송달료 납부서 1통, 5) 소 갑제1호증 문자메시지 내용

5. 제출하는 방법

　채권자는 지급명령신청서를 프린트하기 전 관할법원을 수원지방법원 평택지원 안성시법원으로 낼 것인지 아니면 수원지방법원 평택지원으로 낼 것인지를 결정하여야 합니다.

　수원지방법원 평택지원 안성시법원으로 낼 경우 지급명령신청서 1통을 프린트한 다음 소 갑제1호증 문자메시지 내용을 첨부하고 이어서 당사자표시를 3통을 프린트하여 경기도 안성시 안성맞춤대로 1188(당왕동)에 있는 안성시법원(전화 031) 673-8596)에는 수납은행이 상주하지 않으므로 안성시법원으로 전화하여 수납

은행의 위치를 확인하고 수납은행으로 가시면 인지(소송등 인지의 현금납부서) 3장으로 구성된 용지와 송달료(예납·추납)납부서 3장으로 구성된 용지를 같이 작성해 수납은행 창구에 내시면 수납창구에서 인지에 대해서는 소송등 인지의 현금영수필확인서와 영수증을 송달료에 대해서는 법원제출용과 영수증을 주면 영수증은 잘 보관하시고 수원지방법원 평택지원 안성시법원에 내시면 사건번호 '차' 자로 된 번호를 적어오시면 그 다음날 오후부터 대법원 나의 사건 검색에서 위 사건번호로 채무자에게 송달 등의 여부 및 사건진행상황을 모두 확인할 수 있습니다.

수원지방법원 평택지원으로 낼 경우 지급명령신청서 1통을 프린트한 다음 소 갑제1호증 문자메시지 내용을 첨부하고 이어서 당사자표시를 3통을 프린트하여 경기도 평택시 평남로 1036(동삭동)에 있는 수원지방법원 평택지원(전화 031) 650-3114) 안에 있는 수납은행으로 가시면 인지(소송등 인지의 현금납부서) 3장으로 구성된 용지와 송달료(예납·추납)납부서 3장으로 구성된 용지를 같이 작성해 수납은행 창구에 내시면 수납창구에서 인지에 대해서는 소송등 인지의 현금영수필확인서와 영수증을 송달료에 대해서는 법원제출용과 영수증을 주면 영수증은 잘 보관하시고 수원지방법원 평택지원에 내시면 사건번호 '차' 자로 된 번호를 적어오시면 그 다음날 오후부터 대법원 나의 사건 검색창에서 위 사건번호로 사건진행상황을 모두 확인할 수 있습니다.

지급명령신청서

채 권 자 : ○   ○   ○

채 무 자 : ○   ○   ○ 외1

소송물 가액금	금	17,000,000원
첨부할 인지액	금	8,100원
첨부한 인지액	금	8,100원
납부한 송달료	금	81,000원
비 고		

상주지원 문경시법원 귀중

지급명령신청서

1. 채권자

성 명	○ ○ ○	주민등록번호	생략
주 소	경상북도 문경시 ○○로 ○○, ○○○호		
직 업	상업	사무실 주 소	생략
전 화	(휴대폰) 010 - 2489 - 0000		
대리인에 의한 신 청	□ 법정대리인 (성명 : , 연락처) □ 소송대리인 (성명 : 변호사, 연락처)		

2. 채무자

성 명	○ ○ ○	주민등록번호	생략
주 소	경상북도 김천시 ○○로 ○○○, ○○○-○○○호		
직 업	상업	사무실 주 소	알지 못합니다.
전 화	(휴대폰) 010 - 1567 - 0000		
기타사항	이 사건 채무자1입니다.		

채무자2

성 명	○ ○ ○	주민등록번호	생략
주 소	경상북도 상주시 ○○로길 ○○, ○○○호		
직 업	상업	사무실 주 소	알지 못합니다.
전 화	(휴대폰) 010 - 7988 - 0000		
기타사항	이 사건 채무자2입니다.		

3. 대여금청구의 독촉사건

신청취지

채무자들은 연대하여 채권자에게 아래의 청구금액 및 독촉절차 비용을 지급하라.

라는 지급명령을 구합니다.

1. 금 17,000,000원

2. 위 1항의 금액에 대하여 채무자들은 연대하여 채권자에게 금 17,000,000원 및 이에 대한 ○○○○. ○○. ○○.부터 이 사건 지급명령결정 정본이 송달된 날까지는 연 5%의, 그 다음날부터 다 갚는 날까지는 연 15%의 각 비율에 의한 금원.

3. 독촉절차 비용 89,100원(내역 : 송달료 81,000원, 인지대 8,100원)

신청이유

1. 채무자1은 채무자2의 보증아래 채권자로부터 ○○○○. ○○. ○○. 금 17,000,000원을 차용하면서 ○○○○. ○○. ○○. 까지 변제하기로 약정하는 차용증서를 작성하여 채권자에게 교부하였으나 변제기일이 훨씬 지난 현재까지 이를 지급하지 않고 있습니다.

2. 이에 채권자는 채무자1과 채무자2에게 수시로 전화도 하고 찾아가서 변제를 독촉하였으나 현재에 이르기까지 이를 변제하지 않고 있습니다.

3. 따라서 채권자는 채무자들로부터 위 대여금 17,000,000원 및 이에 대한 ○○○○. ○○. ○○.부터 이 사건 지급명령결정정본을 송달 받는 날까지는 연 5%의, 그 다음날부터 다 갚는 날까지는 소송촉진 등에 관한 특례법에서 정한 연 15%의 각 비율에 의한 지연손해금 및 독촉절차비용을 합한 금액의 지급을 받기 위하여 이 사건 지급명령신청에 이른 것입니다.

소명자료 및 첨부서류

1. 소 갑제1호증   차용증서
1. 송달료납부서
1. 인지납부확인서

○○○○ 년 ○○ 월 ○○ 일

위 채권자 : ○ ○ ○   (인)

상주지원 문경시법원 귀중

당사자표시

1. 채권자

성 명	○ ○ ○	주민등록번호	생략
주 소	경상북도 문경시 ○○로 ○○, ○○○호		
직 업	상업	사무실 주 소	생략
전 화	(휴대폰) 010 - 2489 - 0000		
대리인에 의한 신 청	□ 법정대리인 (성명 : , 연락처) □ 소송대리인 (성명 : 변호사, 연락처)		

2. 채무자

성 명	○ ○ ○	주민등록번호	생략
주 소	경상북도 김천시 ○○로 ○○○, ○○○-○○○호		
직 업	상업	사무실 주 소	알지 못합니다.
전 화	(휴대폰) 010 - 1567 - 0000		
기타사항	이 사건 채무자1입니다.		

채무자2

성 명	○ ○ ○	주민등록번호	생략
주 소	경상북도 상주시 ○○로길 ○○, ○○○호		
직 업	상업	사무실 주 소	알지 못합니다.
전 화	(휴대폰) 010 - 7988 - 0000		
기타사항	이 사건 채무자2입니다.		

3. 대여금청구의 독촉사건

신청취지

채무자들은 연대하여 채권자에게 아래의 청구금액 및 독촉절차 비용을 지급하라.

라는 지급명령을 구합니다.

1. 금 17,000,000원

2. 위 1항의 금액에 대하여 채무자들은 연대하여 채권자에게 금 17,000,000원 및 이에 대한 ○○○○. ○○. ○○.부터 이 사건 지급명령결정 정본이 송달된 날까지는 연 5%의, 그 다음날부터 다 갚는 날까지는 연 15%의 각 비율에 의한 금원.

3. 독촉절차 비용 89,100원(내역 : 송달료 81,000원, 인지대 8,100원)

신청이유

1. 채무자1은 채무자2의 보증아래 채권자로부터 ○○○○. ○○. ○○. 금 17,000,000원을 차용하면서 ○○○○. ○○. ○○. 까지 변제하기로 약정하는 차용증서를 작성하여 채권자에게 교부하였으나 변제기일이 훨씬 지난 현재까지 이를 지급하지 않고 있습니다.

2. 이에 채권자는 채무자1과 채무자2에게 수시로 전화도 하고 찾아가서 변제를 독촉하였으나 현재에 이르기까지 이를 변제하지 않고 있습니다.

3. 따라서 채권자는 채무자들로부터 위 대여금 17,000,000원 및 이에 대한 ○○○○. ○○. ○○.부터 이 사건 지급명령결정 정본을 송달 받는 날까지는 연 5%의, 그 다음날부터 다 갚는 날까지는 소송촉진 등에 관한 특례법에서 정한 연 15%의 각 비율에 의한 지연손해금 및 독촉절차비용을 합한 금액의 지급을 받기 위하여 이 사건 지급명령신청에 이른 것입니다.

- 끝 -

접수방법

1. 관할법원

이 사건은 채권자의 주소지 관할법원은 대구지방법원 상주지원 문경시법원이고, 채무자1의 주소지 관할법원은 대구지방법원 김천지원이고, 채무자2의 주소지 관할법원은 대구지방법원 상주지원이므로 채권자는 아래의 관할법원을 선택하여 유리한 곳으로 지급명령을 신청할 수 있습니다.

1) 대구지방법원 상주지원 문경시법원

   경상북도 문경시 매봉로91,(모전동 666-3)

   전화 054) 555-9484,5

2) 대구지방법원 상주지원

   경상북도 상주시 북천로 17-9(만산동 652-2)

   전화 054) 530-5500

3) 대구지방법원 김천지원

   경상북도 김천시 물망골길 39,(삼락동 1225)

   전화 054) 420-2114

2. 수입인지 계산

　　이 사건의 청구금액은 금 17,000,000원이므로 17,000,000×0.045+5,000÷10= 8,150원이 됩니다. 여기서 끝부분 100원 미만은 버리면 실제 납부할 인지액은 8,100원입니다.

　　산출된 인지액이 1,000원 미만인 때에는 1,000원의 인지를 붙여야 하고, 1,000원 이상인 경우 100원 미만의 단수가 있는 때에는 그 단수는 계산하지 아니합니다.

3. 송달료금 계산

　　송달료는 1회분이 4,500원입니다. 이 사건은 채권자1인 채무자2인이므로 각 6회분씩 총 18회분의 금 81,000원이 됩니다.

4. 준비서류

　　1) 지급명령신청서 1통, 2) 당사자표시 4통, 3) 수입인지 납부서 1통, 4) 송달료 납부서 1통, 5) 소 갑제1호증 차용증서

5. 제출하는 방법

　　채권자는 지급명령신청서를 프린트하기 전 관할법원을 대구지방법원 상주지원 문경시법원으로 낼 것인지, 대구지방법원 상

주지원으로 낼 것인지, 대구지방법원 김천지원으로 낼 것인지를 결정하여야 합니다.

　　대구지방법원 상주지원 문경시법원으로 낼 경우 지급명령신청서 1통을 프린트한 다음 소 갑제1호증 차용증서를 첨부하고 이어서 당사자표시를 4통을 프린트하여 경상북도 문경시 매봉로91, (모전동 666-3)에 있는 문경시법원(전화 054) 555-9484,5)에는 수납은행이 상주하지 않으므로 문경시법원으로 전화하여 수납은행의 위치를 확인하고 수납은행으로 가시면 인지(소송등 인지의 현금납부서) 3장으로 구성된 용지와 송달료(예납ㆍ추납)납부서 3장으로 구성된 용지를 같이 작성해 수납은행 창구에 내시면 수납 창구에서 인지에 대해서는 소송등 인지의 현금영수필확인서와 영수증을 송달료에 대해서는 법원제출용과 영수증을 주면 영수증은 잘 보관하시고 문경시법원에 내시면 사건번호 '차' 자로 된 번호를 적어오시면 그 다음날 오후부터 대법원 나의 사건 검색에서 위 사건번호로 채무자들에게 송달 등의 여부 및 사건진행상황을 모두 확인할 수 있습니다.

　　대구지방법원 상주지원으로 낼 경우 지급명령신청서 1통을 프린트한 다음 소 갑제1호증 차용증서를 첨부하고 이어서 당사자표시를 4통을 프린트하여 경상북도 상주시 북천로 17-9(만산동 652-2)에 있는 상주지원(전화 054) 530-5500) 안에 있는 수납은행으로 가시면 인지(소송등 인지의 현금납부서) 3장으로 구성된 용지와 송달료(예납ㆍ추납)납부서 3장으로 구성된 용지를 같이 작성해 수납은행

창구에 내시면 수납창구에서 인지에 대해서는 소송등 인지의 현금 영수필확인서와 영수증을 송달료에 대해서는 법원제출용과 영수증을 주면 영수증은 잘 보관하시고 상주지원에 내시면 사건번호 '차' 자로 된 번호를 적어오시면 그 다음날 오후부터 대법원 나의 사건 검색창에서 위 사건번호로 사건진행상황을 모두 확인할 수 있습니다.

대구지방법원 김천지원으로 낼 경우 지급명령신청서 1통을 프린트한 다음 소 갑제1호증 차용증서를 첨부하고 이어서 당사자표시를 4통을 프린트하여 경상북도 김천시 물망골길 39,(삼락동 1225) 김천지원(전화 054) 420-2114) 안에 있는 수납은행으로 가시면 인지(소송등 인지의 현금납부서) 3장으로 구성된 용지와 송달료(예납·추납)납부서 3장으로 구성된 용지를 같이 작성해 수납은행 창구에 내시면 수납창구에서 인지에 대해서는 소송등 인지의 현금영수필확인서와 영수증을 송달료에 대해서는 법원제출용과 영수증을 주면 영수증은 잘 보관하시고 김천지원에 내시면 사건번호 '차' 자로 된 번호를 적어오시면 그 다음날 오후부터 대법원 나의 사건 검색창에서 위 사건번호로 사건진행상황을 모두 확인할 수 있습니다.

지급명령신청서

채 권 자 :   ○   ○   ○

채 무 자 :   ○   ○   ○

소송물 가액금	금	1,500,000원
첨부할 인지액	금	1,000원
첨부한 인지액	금	1,000원
납부한 송달료	금	54,000원
비 고		

고양지원 파주시법원 귀중

지급명령신청서

1. 채권자

성 명	○ ○ ○	주민등록번호	생략
주 소	경기도 파주시 ○○로 ○○○, ○○○-○○○○호		
직 업	상업	사무실 주 소	생략
전 화	(휴대폰) 010 - 7655 - 0000		
대리인에 의한 신 청	☐ 법정대리인 (성명 : , 연락처) ☐ 소송대리인 (성명 : 변호사, 연락처)		

2. 채무자

성 명	○ ○ ○	주민등록번호	생략
주 소	경기도 고양시 일산동구 ○○로 ○길 ○○○,		
직 업	상업	사무실 주 소	알지 못합니다.
전 화	(휴대폰) 010 - 7768 - 0000		
기타사항	이 사건 채무자입니다.		

3. 대여금청구의 독촉사건

신청취지

채무자는 채권자에게 아래의 청구금액 및 독촉절차비용을 지급하라.

라는 지급명령을 구합니다.

1. 금 1,500,000원

2. 위 1항의 금액에 대하여 지급명령결정정본이 송달된 그 다음날부터 다 갚는 날까지 연 15%의 비율에 의한 금원.

3. 독촉절차 비용 55,000원(내역 : 송달료 54,000원, 인지대 1,000원)

신 청 이 유

1. 채권자는 채무자의 요청에 의하여 ○○○○. ○○. ○○. 채무자가 거래하는 ○○은행계좌로 금 1,500,000원을 송금하여 대여하였습니다.

2. 그런데 채무자는 10일 안에 바로 갚겠다고 해서 빌려준 것인데 채무자는 벌써 몇 달이 지나도록 위 대여금을 지급하지 않아 수차에 걸쳐 찾아가 지급을 요구하였으나 최근 들어 채권자의 전화까지 받지 않고 지금까지 이를 변제하지 않고 있습니다.

3. 따라서 채권자는 채무자에게 위 대여금 1,500,000원 및 이에 대한 지급명령결정정본이 송달된 그 다음날부터 다 갚는 날까지 소송촉진등에관한특례법에서 정한 연 15%의 비율에 의한 지연손해금 및 독촉절차비용을 합한 금액의 지급을 구하기 위하여 이 사건 지급명령신청에 이른 것입니다.

소명자료 및 첨부서류

1. 소 갑제1호증   문자메시지 내용
1. 송달료납부서
1. 인지납부확인서

○○○○ 년 ○○ 월 ○○ 일

위 채권자 : ○ ○ ○   (인)

고양지원 파주시법원 귀중

당사자표시

1. 채권자

성 명	○ ○ ○	주민등록번호	생략
주 소	경기도 파주시 ○○로 ○○○, ○○○-○○○○호		
직 업	상업 / 사무실 주 소	생략	
전 화	(휴대폰) 010 - 7655 - 0000		
대리인에 의한 신 청	□ 법정대리인 (성명 : , 연락처) □ 소송대리인 (성명 : 변호사, 연락처)		

2. 채무자

성 명	○ ○ ○	주민등록번호	생략
주 소	경기도 고양시 일산동구 ○○로 ○길 ○○○,		
직 업	상업 / 사무실 주 소	알지 못합니다.	
전 화	(휴대폰) 010 - 7768 - 0000		
기타사항	이 사건 채무자입니다.		

3. 대여금청구의 독촉사건

신청취지

채무자는 채권자에게 아래의 청구금액 및 독촉절차비용을 지급하라.

라는 지급명령을 구합니다.

1. 금 1,500,000원

2. 위 1항의 금액에 대하여 지급명령결정정본이 송달된 그 다음날부터 다 갚는 날까지 연 15%의 비율에 의한 금원.

3. 독촉절차 비용 55,000원(내역 : 송달료 54,000원, 인지대 1,000원)

신 청 이 유

1. 채권자는 채무자의 요청에 의하여 ○○○○. ○○. ○○. 채무자가 거래하는 ○○은행계좌로 금 1,500,000원을 송금하여 대여하였습니다.

2. 그런데 채무자는 10일 안에 바로 갚겠다고 해서 빌려준 것인데 채무자는 벌써 몇 달이 지나도록 위 대여금을 지급하지 않아 수차에 걸쳐 찾아가 지급을 요구하였으나 최근 들어 채권자의 전화까지 받지 않고 지금까지 이를 변제하지 않고 있습니다.

3. 따라서 채권자는 채무자에게 위 대여금 1,500,000원 및 이에 대한 지급명령결정정본이 송달된 그 다음날부터 다 갚는 날까지 소송촉진등에관한특례법에서 정한 연 15%의 비율에 의한 지연손해금 및 독촉절차비용을 합한 금액의 지급을 구하기 위하여 이 사건 지급명령신청에 이른 것입니다.

- 끝 -

접수방법

1. 관할법원

이 사건은 채권자의 주소지 관할법원은 의정부지방법원 고양지원 파주시법원이고, 채무자의 주소지 관할법원은 의정부지방법원 고양지원이므로 채권자는 아래의 관할법원 중에서 편리한 곳으로 지급명령을 신청할 수 있습니다.

  1) 의정부지방법원 고양지원 파주시법원
     경기도 파주시 금정로 45,(금촌동 947-28)
     전화 031) 945-8668

  2) 의정부지방법원 고양지원
     경기도 고양시 일산동구 장백로 209,
     전화 031) 920-6114

2. 수입인지 계산

이 사건의 청구금액은 금 1,500,000원이므로 1,500,000×0.005÷10= 750원입니다.

산출된 인지액이 1,000원 미만인 때에는 1,000원의 인지를 붙여야 하고, 1,000원 이상인 경우 100원 미만의 단수가 있는 때에

는 그 단수는 계산하지 아니합니다.

그러므로 실제 납부할 인지액은 1,000원입니다.

3. 송달료금 계산

송달료는 1회분이 4,500원입니다. 이 사건은 채권자1인 채무자1인이므로 각 6회분씩 총 12회분의 금 54,000원이 됩니다.

4. 준비서류

1) 지급명령신청서 1통, 2) 당사자표시 3통, 3) 수입인지 납부서 1통, 4) 송달료 납부서 1통, 5) 소 갑제1호증 계좌이체한 영수증

5. 제출하는 방법

채권자는 지급명령신청서를 프린트하기 전 관할법원을 의정부지방법원 고양지원 파주시법원으로 낼 것인지 아니면 의정부지방법원 고양지원으로 낼 것인지를 결정하여야 합니다.

의정부지방법원 고양지원 파주시법원으로 낼 경우 지급명령신청서 1통을 프린트한 다음 소 갑제1호증 문자메시지 내용을 첨부하고 이어서 당사자표시를 3통을 프린트하여 경기도 파주시 금정

로 45,(금촌동 947-28)에 있는 파주시법원(전화 031) 945-8668)에는 수납은행이 상주하지 않으므로 파주시법원으로 전화하여 수납은행의 위치를 확인하고 수납은행으로 가시면 인지(소송등 인지의 현금납부서) 3장으로 구성된 용지와 송달료(예납·추납)납부서 3장으로 구성된 용지를 같이 작성해 수납은행 창구에 내시면 수납창구에서 인지에 대해서는 소송등 인지의 현금영수필확인서와 영수증을 송달료에 대해서는 법원제출용과 영수증을 주면 영수증은 잘 보관하시고 파주시법원에 내시면 사건번호 '차' 자로 된 번호를 적어오시면 그 다음날 오후부터 대법원 나의 사건 검색에서 위 사건번호로 채무자에게 송달 등의 여부 및 사건진행 상황을 모두 확인할 수 있습니다.

의정부지방법원 고양지원으로 낼 경우 지급명령신청서 1통을 프린트한 다음 소 갑제1호증 문자메시지 내용을 첨부하고 이어서 당사자표시를 3통을 프린트하여 경기도 고양시 일산동구 장백로 209, 고양지원(전화 031) 920-6114)안에 있는 수납은행으로 가시면 인지(소송등 인지의 현금납부서) 3장으로 구성된 용지와 송달료(예납·추납)납부서 3장으로 구성된 용지를 같이 작성해 수납은행 창구에 내시면 수납창구에서 인지에 대해서는 소송등 인지의 현금영수필확인서와 영수증을 송달료에 대해서는 법원제출용과 영수증을 주면 영수증은 잘 보관하시고 고양지원에 내시면 사건번호 '차' 자로 된 번호를 적어오시면 그 다음날 오후부터 대법원 나의 사건 검색창에서 위 사건번호로 사건진행 상황을 모두 확인할 수 있습니다.

【지급명령신청서6】 대여금 이자약정하고 돈을 빌려줬으나 원리금을 변제하지 않아
약정이자를 포함하여 청구하는 사례

지급명령신청서

채 권 자 : ○   ○   ○

채 무 자 : ○   ○   ○

소송물 가액금	금	20,000,000원
첨부할 인지액	금	9,500원
첨부한 인지액	금	9,500원
납부한 송달료	금	54,000원
비 고		

진주지원 산청군법원 귀중

지급명령신청서

1. 채권자

성 명	○ ○ ○	주민등록번호	생략
주 소	경상남도 산청군 산청읍 ○○로 ○○, ○○○호		
직 업	개인사업 / 사무실 주소	생략	
전 화	(휴대폰) 010 - 5567 - 0000		
대리인에 의한 신 청	☐ 법정대리인 (성명 : , 연락처) ☐ 소송대리인 (성명 : 변호사, 연락처)		

2. 채무자

성 명	○ ○ ○	주민등록번호	생략
주 소	경상남도 진주시 ○○로 ○○, ○○○-○○○○호		
직 업	상업 / 사무실 주소	알지 못합니다.	
전 화	(휴대폰) 010 - 1288 - 0000		
기타사항	이 사건 채무자입니다.		

3. 대여금청구의 독촉사건

신청취지

채무자는 채권자에게 아래의 청구금액 및 독촉절차비용을 지급하라.

라는 지급명령을 구합니다.

1. 금 20,000,000원

2. 위 1항의 금액에 대하여 ○○○○. ○○. ○○.부터 지급명령정본이 송달된 날까지는 연 30%의, 그 다음날부터 다 갚는 날까지는 연 15%의 각 비율에 의한 금원.

3. 독촉절차 비용 63,500원(내역 : 송달료 54,000원, 인지대 9,500원)

신청이유

1. 채권자는 채무자의 부탁에 의하여 ○○○○. ○○. ○○. 금 20,000,000원을 대여해주면서 변제기한은 ○○○○. ○○. ○○.까지 이자는 월 2.5%를 지급 받기로 한 사실이 있습니다.

2. 그런데 채무자는 상환기일이 훨씬 지나도록 단 한 차례도 원리금을 지급하지 않고 있어 채권자는 채무자에게 여러 차례에 걸쳐 찾아가 변제를 독촉하였으나 지금까지 차일피일 지체하면서 지급하지 않고 있습니다.

3. 따라서 채권자는 채무자로부터 위 대여금 20,000,000원 및 이에 대한 ○○○○. ○○. ○○.부터 이 사건 지급명령결정정본을 송달 받는 날까지는 약정한 이자인 연 30%(계산의 편의상 월 2.5%를 연단위로 환산하였습니다)의 그 다음날부터 다 갚는 날까지는 소송촉진등에관한특례법에서 정한 연 15%의 각 비율에 의한 지연손해금 및 독촉절차비용을 합한 금액의 지급을 받기 위하여 이 사건 신청에 이른 것입니다.

소명자료 및 첨부서류

1. 소 갑제1호증　　　　　　차용증서
1. 송달료납부서
1. 인지납부확인서

○○○○ 년 ○○ 월 ○○ 일

위 채권자 :　○　○　○　　（인）

진주지원 산청군법원 귀중

당사자표시

1. 채권자

성 명	○ ○ ○	주민등록번호	생략
주 소	경상남도 산청군 산청읍 ○○로 ○○, ○○○호		
직 업	개인사업	사무실 주 소	생략
전 화	(휴대폰) 010 - 5567 - 0000		
대리인에 의한 신 청	☐ 법정대리인 (성명 : , 연락처) ☐ 소송대리인 (성명 : 변호사, 연락처)		

2. 채무자

성 명	○ ○ ○	주민등록번호	생략
주 소	경상남도 진주시 ○○로 ○○, ○○○-○○○○호		
직 업	상업	사무실 주 소	알지 못합니다.
전 화	(휴대폰) 010 - 1288 - 0000		
기타사항	이 사건 채무자입니다.		

3. 대여금청구의 독촉사건

신청취지

채무자는 채권자에게 아래의 청구금액 및 독촉절차비용을 지급하라.

라는 지급명령을 구합니다.

1. 금 20,000,000원

2. 위 1항의 금액에 대하여 ○○○○. ○○. ○○.부터 지급
   명령정본이 송달된 날까지는 연 30%의, 그 다음날부터 다
   갚는 날까지는 연 15%의 각 비율에 의한 금원.

3. 독촉절차 비용 63,500원(내역 : 송달료 54,000원, 인지대
   9,500원)

신 청 이 유

1. 채권자는 채무자의 부탁에 의하여 ○○○○. ○○. ○○. 금
   20,000,000원을 대여해주면서 변제기한은 ○○○○. ○○. ○
   ○.까지 이자는 월 2.5%를 지급 받기로 한 사실이 있습니다.

2. 그런데 채무자는 상환기일이 훨씬 지나도록 단 한 차례도 원
   리금을 지급하지 않고 있어 채권자는 채무자에게 여러 차례에
   걸쳐 찾아가 변제를 독촉하였으나 지금까지 차일피일 지체하
   면서 지급하지 않고 있습니다.

3. 따라서 채권자는 채무자로부터 위 대여금 20,000,000원 및 이
   에 대한 ○○○○. ○○. ○○.부터 이 사건 지급명령결정정
   본을 송달 받는 날까지는 약정한 이자인 연 30%(계산의 편
   의상 월 2.5%를 연단위로 환산하였습니다)의 그 다음날부터
   다 갚는 날까지는 소송촉진등에관한특례법에서 정한 연 15%
   의 각 비율에 의한 지연손해금 및 독촉절차비용을 합한 금액
   의 지급을 받기 위하여 이 사건 신청에 이른 것입니다.

                                          - 끝 -

접수방법

1. 관할법원

이 사건은 채권자의 주소지 관할법원은 창원지방법원 진주지원 산청군법원이고, 채무자의 주소지 관할법원은 창원지방법원 진주지원이므로 채권자는 아래의 관할법원 중 유리한 곳으로 선택하여 지급명령을 신청할 수 있습니다.

1) 창원지방법원 진주지원 산청군법원

경상남도 산청군 산청읍 중앙로 27,

전화 055) 973-5608

2) 창원지방법원 진주지원

경상남도 진주시 진양호로 303,

전화 055) 760=3300

2. 수입인지 계산

이 사건의 청구금액은 금 20,000,000원이므로 20,000,000×0.045+5,000÷10= 9,500원입니다.

산출된 인지액이 1,000원 미만인 때에는 1,000원의 인지를 붙여야 하고, 1,000원 이상인 경우 100원 미만의 단수가 있는 때에

는 그 단수는 계산하지 아니합니다.

3. 송달료금 계산

송달료는 1회분이 4,500원입니다. 이 사건은 채권자1인 채무자1인이므로 각 6회분씩 총 12회분의 금 54,000원이 됩니다.

4. 준비서류

1) 지급명령신청서 1통, 2) 당사자표시 3통, 3) 수입인지 납부서 1통, 4) 송달료 납부서 1통, 5) 소 갑제1호증 차용증서

5. 제출하는 방법

채권자는 지급명령신청서를 프린트하기 전 관할법원을 창원지방법원 진주지원 산청군법원으로 낼 것인지 아니면 창원지방법원 진주지원으로 낼 것인지를 결정하여야 합니다.

창원지방법원 진주지원 산청군법원으로 낼 경우 지급명령신청서 1통을 프린트한 다음 소 갑제1호증 문자메시지 내용을 첨부하고 이어서 당사자표시를 3통을 프린트하여 경상남도 산청군 산청읍 중앙로 27, 산청군법원(전화 055) 973-5608)에는 수납은행이 상주하지 않으므로 산청군법원으로 전화하여 수납은행의 위치를 확인하고 수납은행으로 가시면 인지(소송등 인지의 현금납부서)

3장으로 구성된 용지와 송달료(예납·추납)납부서 3장으로 구성된 용지를 같이 작성해 수납은행 창구에 내시면 수납창구에서 인지에 대해서는 소송등 인지의 현금영수필확인서와 영수증을 송달료에 대해서는 법원제출용과 영수증을 주면 영수증은 잘 보관하시고 산청군법원에 내시면 사건번호 '차' 자로 된 번호를 적어오시면 그 다음날 오후부터 대법원 나의 사건 검색에서 위 사건번호로 채무자에게 송달 등의 여부 및 사건진행상황을 모두 확인할 수 있습니다.

창원지방법원 진주지원으로 낼 경우 지급명령신청서 1통을 프린트한 다음 소 갑제1호증 문자메시지 내용을 첨부하고 이어서 당사자표시를 3통을 프린트하여 경상남도 진주시 진양호로 303, 진주지원(전화 055) 760=3300) 안에 있는 수납은행으로 가시면 인지(소송등 인지의 현금납부서) 3장으로 구성된 용지와 송달료(예납·추납)납부서 3장으로 구성된 용지를 같이 작성해 수납은행 창구에 내시면 수납창구에서 인지에 대해서는 소송등 인지의 현금영수필확인서와 영수증을 송달료에 대해서는 법원제출용과 영수증을 주면 영수증은 잘 보관하시고 진주지원에 내시면 사건번호 '차' 자로 된 번호를 적어오시면 그 다음날 오후부터 대법원 나의 사건 검색창에서 위 사건번호로 사건진행상황을 모두 확인할 수 있습니다.

지급명령신청서

채 권 자 :　　○　　　○　　　○

채 무 자 :　　○　　　○　　　○

소송물 가액금	금	70,000,000원
첨부할 인지액	금	32,000원
첨부한 인지액	금	32,000원
납부한 송달료	금	54,000원
비　　　　고		

의정부지방법원 남양주시법원 귀중

지급명령신청서

1. 채권자

성 명	○ ○ ○	주민등록번호	생략
주 소	경기도 남양주시 ○○로 ○○, ○○○-○○○○호		
직 업	개인사업	사무실 주 소	생략
전 화	(휴대폰) 010 - 1980 - 0000		
대리인에 의한 신 청	☐ 법정대리인 (성명 : , 연락처) ☐ 소송대리인 (성명 : 변호사, 연락처)		

2. 채무자

성 명	○ ○ ○	주민등록번호	생략
주 소	경기도 하남시 ○○로 ○○○, ○○○호		
직 업	상업	사무실 주 소	알지 못합니다.
전 화	(휴대폰) 010 - 9909 - 0000		
기타사항	이 사건 채무자입니다.		

3. 대여금청구의 독촉사건

신청취지

채무자는 채권자에게 아래의 청구금액 및 독촉절차비용을 지급하라.

라는 지급명령을 구합니다.

1. 금 70,000,000원

2. 위 1항의 금액에 대하여 ○○○○. ○○. ○○.부터 지급
   명령결정정본이 송달된 날까지는 연 18%의, 그 다음날부
   터 다 갚는 날까지 연 15%의 비율에 의한 금원.

3. 독촉절차 비용 86,000원(내역 : 송달료 54,000원, 인지대
   32,000원)

신청이유

1. 채권자는 ○○○○. ○○. ○○. 채무자의 요청에 의하여 금
   70,000,000원을 대여하면서 변제기는 ○○○○. ○○. ○○.
   이자는 월 1.5부로 지급하기로 하고 차용증을 교부받고 돈을
   빌려주었습니다.

2. 그런데 채무자는 지급기일이 훨씬 지나도록 원리금을 지급하
   지 않아 채권자는 수차례에 걸쳐 찾아가 지급을 독촉하였으
   나 차일피일 지체하면서 지급까지 지급하지 않고 있습니다.

3. 따라서 채권자는 채무자에게 위 대여금 70,000,000원 및 이에
   대한 ○○○○. ○○. ○○.부터 지급명령결정정본이 송달 받
   은 날까지는 약정한 이자인 연 18%(계산의 편의상 월 1.5%
   를 연단위로 환산하였습니다), 그 다음날부터 다 갚는 날까지
   는 소송촉진등에관한특례법에서 정한 연 15%의 각 비율에 의
   한 지연손해금 및 독촉절차비용을 합한 금액의 지급을 받기
   위하여 이 사건 지급명령신청에 이른 것입니다.

소명자료 및 첨부서류

1. 소 갑제1호증　　　　　　　　차용증서

1. 송달료납부서

1. 인지납부확인서

○○○○ 년 ○○ 월 ○○ 일

위 채권자 ： ○ ○ ○ 　 (인)

의정부지방법원 남양주시법원 귀중

당사자표시

1. 채권자

성 명	○ ○ ○	주민등록번호	생략
주 소	경기도 남양주시 ○○로 ○○, ○○○-○○○○호		
직 업	개인사업	사무실 주 소	생략
전 화	(휴대폰) 010 - 1980 - 0000		
대리인에 의한 신 청	□ 법정대리인 (성명 : , 연락처) □ 소송대리인 (성명 : 변호사, 연락처)		

2. 채무자

성 명	○ ○ ○	주민등록번호	생략
주 소	경기도 하남시 ○○로 ○○○, ○○○호		
직 업	상업	사무실 주 소	알지 못합니다.
전 화	(휴대폰) 010 - 9909 - 0000		
기타사항	이 사건 채무자입니다.		

3. 대여금청구의 독촉사건

신청취지

채무자는 채권자에게 아래의 청구금액 및 독촉절차비용을 지급하라.

라는 지급명령을 구합니다.

1. 금 70,000,000원

2. 위 1항의 금액에 대하여 ○○○○. ○○. ○○.부터 지급
   명령결정정본이 송달된 날까지는 연 18%의, 그 다음날부
   터 다 갚는 날까지 연 15%의 비율에 의한 금원.

3. 독촉절차 비용 86,000원(내역 : 송달료 54,000원, 인지대
   32,000원)

신청이유

1. 채권자는 ○○○○. ○○. ○○. 채무자의 요청에 의하여 금
   70,000,000원을 대여하면서 변제기는 ○○○○. ○○. ○○.
   이자는 월 1.5부로 지급하기로 하고 차용증을 교부받고 돈을
   빌려주었습니다.

2. 그런데 채무자는 지급기일이 훨씬 지나도록 원리금을 지급하
   지 않아 채권자는 수차례에 걸쳐 찾아가 지급을 독촉하였으
   나 차일피일 지체하면서 지금까지 지급하지 않고 있습니다.

3. 따라서 채권자는 채무자에게 위 대여금 70,000,000원 및 이에
   대한 ○○○○. ○○. ○○. 지급명령결정정본이 송달 받은
   날까지는 약정한 이자인 연 18%(계산의 편의상 월 1.5%를
   연단위로 환산하였습니다), 그 다음날부터 다 갚는 날까지는
   소송촉진등에관한특례법에서 정한 연 15%의 각 비율에 의한
   지연손해금 및 독촉절차비용을 합한 금액의 지급을 받기 위
   하여 이 사건 지급명령신청에 이른 것입니다.

                                                  - 끝 -

접수방법

1. 관할법원

이 사건은 채권자의 주소지 법원이 의정부지방법원 남양주시법원이고, 채무자의 주소지 법원은 수원지방법원 성남지원 광주시법원이므로 채권자는 아래의 관할법원 중, 유리한 곳으로 선택하여 지급명령을 신청할 수 있습니다.

1) 의정부지방법원 남양주시법원

   경기도 남양주시 경춘로 514,

   전화 031) 553-6097

2) 수원지방법원 성남지원 광주시법원

   경기도 광주시 행정타운로 49-15(송정동)

   전화 031) 763-2187~8

2. 수입인지 계산

이 사건의 청구금액은 금 70,000,000원이므로 $70,000,000 \times 0.045 + 5,000 \div 10 = 32,000$원입니다.

산출된 인지액이 1,000원 미만인 때에는 1,000원의 인지를 붙여야 하고, 1,000원 이상인 경우 100원 미만의 단수가 있는 때에

는 그 단수는 계산하지 아니합니다.

3. 송달료금 계산

송달료는 1회분이 4,500원입니다. 이 사건은 채권자1인 채무자1인이므로 각 6회분씩 총 12회분의 금 54,000원이 됩니다.

4. 준비서류

1) 지급명령신청서 1통, 2) 당사자표시 3통, 3) 수입인지 납부서 1통, 4) 송달료 납부서 1통, 5) 소 갑제1호증 차용증서

5. 제출하는 방법

채권자는 먼저 지급명령신청서를 프린트하기 전 관할법원을 남양주시법원으로 낼 것인지 광주시법원으로 낼 것인지를 결정하여야 합니다.

남양주시법원으로 낼 경우 지급명령신청서 1통을 프린트한 다음 소 갑제1호증 내용증명서를 첨부하고 이어서 당사자표시를 3통을 프린트하여 관할법원은 경기도 남양주시 경춘로 514, 남양주시법원(전화 031) 553-6097)에는 수납은행이 상주하지 않으므로 법원으로 전화하여 수납은행의 위치를 확인하고 수납은행으로 가시면 인지(소송등 인지의 현금납부서) 3장으로 구성된 용지와

송달료(예납·추납)납부서 3장으로 구성된 용지를 같이 작성해 수납은행 창구에 내시면 수납창구에서 인지에 대해서는 소송등 인지의 현금영수필확인서와 영수증을 송달료에 대해서는 법원제출용과 영수증을 주면 영수증은 잘 보관하시고 남양주시법원에 내시면 사건번호 '차' 자로 된 번호를 적어오시면 그 다음날 오후부터 대법원 나의 사건 검색창에서 위 사건번호로 사건진행상황을 모두 확인할 수 있습니다.

광주시법원으로 낼 경우 지급명령신청서 1통을 프린트한 다음 소 갑제1호증 내용증명서를 첨부하고 이어서 당사자표시를 3통을 프린트하여 관할법원이 경기도 광주시 행정타운로 49-15(송정동) 광주시법원(전화 031) 763-2187~8)에는 수납은행이 상주하지 않으므로 법원으로 전화하여 수납은행의 위치를 확인하고 수납은행으로 가시면 인지(소송등 인지의 현금납부서) 3장으로 구성된 용지와 송달료(예납·추납)납부서 3장으로 구성된 용지를 같이 작성해 수납은행 창구에 내시면 수납창구에서 인지에 대해서는 소송등 인지의 현금영수필확인서와 영수증을 송달료에 대해서는 법원제출용과 영수증을 주면 영수증은 잘 보관하시고 광주시법원에 내시면 사건번호 '차' 자로 된 번호를 적어오시면 그 다음날 오후부터 대법원 나의 사건 검색창에서 위 사건번호로 사건진행상황을 모두 확인할 수 있습니다.

지급명령신청서

채 권 자 :　○　　　○　　　○

채 무 자 :　○　　○　　○ 외2

소송물 가액금	금　147,000,000원	
첨부할 인지액	금	64,300원
첨부한 인지액	금	64,300원
납부한 송달료	금	108,000원
비　　　　고		

대구지방법원 경주지원 귀중

지급명령신청서

1. 채권자

성 명	○ ○ ○	주민등록번호	생략
주 소	경상북도 경주시 ○○로 ○○, ○○○호		
직 업	개인사업 / 사무실 주 소	생략	
전 화	(휴대폰) 010 - 9980 - 0000		
대리인에 의한 신 청	□ 법정대리인 (성명 : , 연락처) □ 소송대리인 (성명 : 변호사, 연락처)		

2. 채무자1

성 명	○ ○ ○	주민등록번호	생략
주 소	경상북도 경주시 ○○로 ○○○, ○○○-○○○호		
직 업	상업 / 사무실 주 소	알지 못합니다.	
전 화	(휴대폰) 010 - 3467 - 0000		
기타사항	이 사건 채무자1입니다.		

채무자2

성 명	○ ○ ○	주민등록번호	생략
주 소	경상북도 경주시 ○○로 ○길 ○○, ○○○호		
직 업	상업 / 사무실 주 소	알지 못합니다.	
전 화	(휴대폰) 010 - 2389 - 0000		
기타사항	이 사건 채무자2입니다.		

채무자3

성 명	주식회사 ○○○	법인등록번호	생략
주 소	경상북도 경주시 ○○로 ○○, ○○호		
대 표 자	대표이사 ○ ○ ○		
전 화	(휴대폰) 010 - 9800 - 0000		
기타사항	이 사건 채무자3입니다.		

3. 대여금청구의 독촉사건

신청취지

채무자들은 연대하여 채권자에게 아래의 청구금액 및 독촉절차 비용을 지급하라.

라는 지급명령을 구합니다.

1. 금 147,000,000원

2. 위 1항의 금액에 대하여 채무자들은 연대하여 채권자에게 금 147,000,0 00원 및 이에 대한 ○○○○. ○○. ○○.부터 이 사건 지급명령결정 정본이 송달된 날까지는 연 5%의, 그 다음날부터 다 갚는 날까지는 연 15%의 각 비율에 의한 금원.

3. 독촉절차 비용 172,300원(내역 : 송달료 108,000원, 인지 대 64,300원)

신청이유

1. 채무자3은 채무자 1. 2의 보증아래 채권자로부터 ○○○○. ○○. ○○. 금 147,000,000원을 차용하면서 ○○○○. ○○. ○○.까지 변제하기로 약정하는 차용증서를 작성하여 채권자에게 교부하였으나 변제기일이 훨씬 지난 현재까지 이를 지급하지 않고 있습니다.

2. 이에 채권자는 채무자1, 2, 3,에게 수시로 전화도 하고 채무자3의 회사로 찾아가서 변제를 독촉하였으나 현재에 이르기까지 이를 변제하지 않고 있습니다.

3. 따라서 채권자는 채무자들로부터 위 대여금 147,000,000원 및 이에 대한 ○○○○. ○○. ○○.부터 이 사건 지급명령결정정본을 송달 받는 날까지는 연 5%의, 그 다음날부터 다 갚는 날까지는 소송촉진 등에 관한 특례법에서 정한 연 15%의 각 비율에 의한 지연손해금 및 독촉절차비용을 합한 금액의 지급을 받기 위하여 이 사건 지급명령신청에 이른 것입니다.

소명자료 및 첨부서류

1. 소 갑제1호증   차용증서
1. 송달료납부서
1. 인지납부확인서

○○○○ 년 ○○ 월 ○○ 일

위 채권자 :　○　○　○　（인）

대구지방법원 경주지원 귀중

당사자표시

1. 채권자

성 명	○ ○ ○	주민등록번호	생략
주 소	경상북도 경주시 ○○로 ○○, ○○○호		
직 업	개인사업	사무실 주 소	생략
전 화	(휴대폰) 010 - 9980 - 0000		
대리인에 의한 신 청	☐ 법정대리인 (성명 : , 연락처) ☐ 소송대리인 (성명 : 변호사, 연락처)		

2. 채무자1

성 명	○ ○ ○	주민등록번호	생략
주 소	경상북도 경주시 ○○로 ○○○, ○○○-○○○호		
직 업	상업	사무실 주 소	알지 못합니다.
전 화	(휴대폰) 010 - 3467 - 0000		
기타사항	이 사건 채무자1입니다.		

채무자2

성 명	○ ○ ○	주민등록번호	생략
주 소	경상북도 경주시 ○○로 ○길 ○○, ○○○호		
직 업	상업	사무실 주 소	알지 못합니다.
전 화	(휴대폰) 010 - 2389 - 0000		
기타사항	이 사건 채무자2입니다.		

채무자3

성 명	주식회사 ○○○	법인등록번호	생략
주 소	경상북도 경주시 ○○로 ○○, ○○호		
대 표 자	대표이사 ○ ○ ○		
전 화	(휴대폰) 010 - 9800 - 0000		
기타사항	이 사건 채무자3입니다.		

3. 대여금청구의 독촉사건

신청취지

1. 금 147,000,000원

2. 위 1항의 금액에 대하여 채무자들은 연대하여 채권자에게 금 147,000,0 00원 및 이에 대한 ○○○○. ○○. ○○.부터 이 사건 지급명령결정 정본이 송달된 날까지는 연 5%의, 그 다음날부터 다 갚는 날까지는 연 15%의 각 비율에 의한 금원.

3. 독촉절차 비용 172,300원(내역 : 송달료 108,000원, 인지대 64,300원)

신청이유

1. 채무자3은 채무자 1. 2의 보증아래 채권자로부터 ○○○○. ○○. ○○. 금 147,000,000원을 차용하면서 ○○○○. ○○.

○○.까지 변제하기로 약정하는 차용증서를 작성하여 채권자에게 교부하였으나 변제기일이 훨씬 지난 현재까지 이를 지급하지 않고 있습니다.

2. 이에 채권자는 채무자1, 2, 3,에게 수시로 전화도 하고 채무자3의 회사로 찾아가서 변제를 독촉하였으나 현재에 이르기까지 이를 변제하지 않고 있습니다.

3. 따라서 채권자는 채무자들로부터 위 대여금 147,000,000원 및 이에 대한 ○○○○. ○○. ○○.부터 이 사건 지급명령결정정본을 송달 받는 날까지는 연 5%의, 그 다음날부터 다 갚는 날까지는 소송촉진 등에 관한 특례법에서 정한 연 15%의 각 비율에 의한 지연손해금 및 독촉절차비용을 합한 금액의 지급을 받기 위하여 이 사건 지급명령신청에 이른 것입니다.

- 끝 -

접수방법

1. 관할법원

이 사건은 채권자나 채무자들 또한 주소지 관할법원은 대구지방법원 경주지원입니다.

   1) 대구지방법원 경주지원

   경상북도 경주시 화랑로89,(동부동 203)

   전화 054) 770-4300

2. 수입인지 계산

이 사건의 청구금액은 금 147,000,000원이므로 147,000,000×0.040+55,000÷10= 64,300원입니다.

산출된 인지액이 1,000원 미만인 때에는 1,000원의 인지를 붙여야 하고, 1,000원 이상인 경우 100원 미만의 단수가 있는 때에는 그 단수는 계산하지 아니합니다.

3. 송달료금 계산

송달료는 1회분이 4,500원입니다. 이 사건은 채권자1인 채무자3인이므로 각 6회분씩 총 24회분의 금 108,000원이 됩니다.

4. 준비서류

1) 지급명령신청서 1통, 2) 당사자표시 5통, 3) 수입인지 납부서 1통, 4) 송달료 납부서 1통, 5) 소 갑제1호증 차용증서

5. 제출하는 방법

지급명령신청서 1통을 프린트한 다음 소 갑제1호증 차용증서를 첨부하고 이어서 당사자표시를 5통을 프린트하여 경상북도 경주시 화랑로89,(동부동 203)에 있는 대구지방법원 경주지원(전화 054) 770-4300)에는 수납은행이 상주하고 있으므로 수납은행으로 가시면 인지(소송등 인지의 현금납부서) 3장으로 구성된 용지와 송달료(예납·추납)납부서 3장으로 구성된 용지를 같이 작성해 수납은행 창구에 내시면 수납창구에서 인지에 대해서는 소송등 인지의 현금영수필확인서와 영수증을 송달료에 대해서는 법원제출용과 영수증을 주면 영수증은 잘 보관하시고 경주지원에 내시면 사건번호 '차' 자로 된 번호를 적어오시면 그 다음날 오후부터 대법원 나의 사건 검색에서 위 사건번호로 채무자들에게 송달 등의 여부 및 사건진행상황을 모두 확인할 수 있습니다.

지급명령신청서

채 권 자 :   ○   ○   ○

채 무 자 :   ○   ○   ○

소송물 가액금	금	12,000,000원
첨부할 인지액	금	5,900원
첨부한 인지액	금	5,900원
납부한 송달료	금	54,000원
비 고		

청주지방법원 충주지원 귀중

지급명령신청서

1. 채권자

성 명	○ ○ ○	주민등록번호	생략
주 소	충청북도 충주시 ○○로 ○○, ○○○-○○○호		
직 업	상업	사무실 주 소	생략
전 화	(휴대폰) 010 - 9876 - 0000		
대리인에 의한 신 청	□ 법정대리인 (성명 : , 연락처) □ 소송대리인 (성명 : 변호사, 연락처)		

2. 채무자

성 명	○ ○ ○	주민등록번호	생략
주 소	충청북도 충주시 ○○로○길 ○○, ○○○호		
직 업	상업	사무실 주 소	알지 못합니다.
전 화	(휴대폰) 010 - 1345 - 0000		
기타사항	이 사건 채무자입니다.		

3. 대여금청구의 독촉사건

신청취지

채무자는 채권자에게 아래의 청구금액 및 독촉절차비용을 지급하라.

라는 지급명령을 구합니다.

1. 금 12,000,000원

2. 위 1항의 금액에 대하여 ○○○○. ○○. ○○.부터 지급
   명령결정정본이 송달된 날까지는 연 24%의 그 다음날부
   터 다 갚는 날까지 연 15%의 비율에 의한 금원.

3. 독촉절차 비용 59,900원(내역 : 송달료 54,000원, 인지대
   5,900원)

신청이유

1. 채권자는 채무자의 요청에 의하여 ○○○○. ○○. ○○. 금
   12,000,000원을 대여하고 변제기일은 ○○○○. ○○. ○○.
   이자는 월 2.0%으로 정하고 이에 대한 증표로 현금보관증을
   교부받았습니다.

2. 채무자는 위 대여금에 대한 변제기일이 훨씬 지나도록 계속
   해서 미루기만 할뿐 현재에 이르기까지 위 대여금을 지급하
   지 않고 있습니다.

3. 따라서 채권자는 채무자로부터 위 대여금 12,000,000원 및 이
   에 대한 ○○○○. ○○. ○○.부터 이 사건 지급명령결정정본
   을 송달 받는 날까지는 약정한 이자인 연 24%(계산의 편의상
   월 2.0%를 연단위로 환산하였습니다), 그 다음날부터 다 갚
   는 날까지는 소송촉진등에관한특례법에서 정한 연 15%의 각
   비율에 의한 지연손해금 및 독촉절차비용을 합한 금액의 지급

을 받기 위하여 이 사건 지급명령신청에 이른 것입니다.

소명자료 및 첨부서류

1. 소 갑제1호증   현금보관증
1. 송달료납부서
1. 인지납부확인서

○○○○ 년 ○○ 월 ○○ 일

위 채권자 : ○ ○ ○   (인)

청주지방법원 충주지원 귀중

당사자표시

1. 채권자

성 명	○ ○ ○	주민등록번호	생략
주 소	충청북도 충주시 ○○로 ○○, ○○○-○○○호		
직 업	상업	사무실 주 소	생략
전 화	(휴대폰) 010 - 9876 - 0000		
대리인에 의한 신 청	☐ 법정대리인 (성명 : , 연락처) ☐ 소송대리인 (성명 : 변호사, 연락처)		

2. 채무자

성 명	○ ○ ○	주민등록번호	생략
주 소	충청북도 충주시 ○○로○길 ○○, ○○○호		
직 업	상업	사무실 주 소	알지 못합니다.
전 화	(휴대폰) 010 - 1345 - 0000		
기타사항	이 사건 채무자입니다.		

3. 대여금청구의 독촉사건

신청취지

채무자는 채권자에게 아래의 청구금액 및 독촉절차비용을 지급하라.

라는 지급명령을 구합니다.

1. 금 12,000,000원

2. 위 1항의 금액에 대하여 ○○○○. ○○. ○○.부터 지급
   명령결정정본이 송달된 날까지는 연 24%의 그 다음날부
   터 다 갚는 날까지 연 15%의 비율에 의한 금원.

3. 독촉절차 비용 59,900원(내역 : 송달료 54,000원, 인지대
   5,900원)

신 청 이 유

1. 채권자는 채무자의 요청에 의하여 ○○○○. ○○. ○○. 금
   12,000,000원을 대여하고 변제기일은 ○○○○. ○○. ○○.
   이자는 월 2.0%으로 정하고 이에 대한 증표로 현금보관증을
   교부받았습니다.

2. 채무자는 위 대여금에 대한 변제기일이 훨씬 지나도록 계속
   해서 미루기만 할뿐 현재에 이르기까지 위 대여금을 지급하
   지 않고 있습니다.

3. 따라서 채권자는 채무자로부터 위 대여금 12,000,000원 및 이
   에 대한 ○○○○. ○○. ○○.부터 이 사건 지급명령결정정본
   을 송달 받는 날까지는 약정한 이자인 연 24%(계산의 편의상
   월 2.0%를 연단위로 환산하였습니다), 그 다음날부터 다 갚
   는 날까지는 소송촉진등에관한특례법에서 정한 연 15%의 각
   비율에 의한 지연손해금 및 독촉절차비용을 합한 금액의 지급
   을 받기 위하여 이 사건 지급명령신청에 이른 것입니다.

- 끝 -

접수방법

1. 관할법원

이 사건은 채권자나 채무자 또한 주소지 관할법원은 청주지방법원 충주지원입니다.

1) 청주지방법원 충주지원
충청북도 충주시 계명대로 103,(교현2동 720-2)
전화 043) 841-9119

2. 수입인지 계산

이 사건의 청구금액은 금 12,000,000원이므로 12,000,000×0.045+5,000÷10= 5,900원입니다.

산출된 인지액이 1,000원 미만인 때에는 1,000원의 인지를 붙여야 하고, 1,000원 이상인 경우 100원 미만의 단수가 있는 때에는 그 단수는 계산하지 아니합니다.

3. 송달료금 계산

송달료는 1회분이 4,500원입니다. 이 사건은 채권자1인 채무자1인이므로 각 6회분씩 총 12회분의 금 54,000원이 됩니다.

4. 준비서류

1) 지급명령신청서 1통, 2) 당사자표시 3통, 3) 수입인지 납부서 1통, 4) 송달료 납부서 1통, 5) 소 갑제1호증 현금보관증

5. 제출하는 방법

지급명령신청서 1통을 프린트한 다음 소 갑제1호증 현금보관증을 첨부하고 이어서 당사자표시를 3통을 프린트하여 충청북도 충주시 계명대로 103,(교현2동 720-2)에 있는 청추지방법원 충주지원(전화 043) 841-9119)에는 수납은행이 상주하고 있으므로 수납은행으로 가시면 인지(소송등 인지의 현금납부서) 3장으로 구성된 용지와 송달료(예납·추납)납부서 3장으로 구성된 용지를 같이 작성해 수납은행 창구에 내시면 수납창구에서 인지에 대해서는 소송등 인지의 현금영수필확인서와 영수증을 송달료에 대해서는 법원 제출용과 영수증을 주면 영수증은 잘 보관하시고 충주지원에 내시면 사건번호 '차' 자로 된 번호를 적어오시면 그 다음날 오후부터 대법원 나의 사건 검색에서 위 사건번호로 채무자들에게 송달 등의 여부 및 사건진행상황을 모두 확인할 수 있습니다.

지급명령신청서

채 권 자 :　　○　　　　○　　　　○

채 무 자 :　　○　　　　○　　　　○

소송물 가액금	금　30,000,000원	
첨부할 인지액	금　　14,000원	
첨부한 인지액	금　　14,000원	
납부한 송달료	금　　54,000원	
비　　　　고		

남원지원 장수군법원 귀중

지급명령신청서

1. 채권자

성 명	○ ○ ○	주민등록번호	생략
주 소	전라북도 장수군 싸리재로 ○○, ○○○호		
직 업	상업	사무실 주 소	생략
전 화	(휴대폰) 010 - 6654 - 0000		
대리인에 의한 신 청	□ 법정대리인 (성명 : , 연락처) □ 소송대리인 (성명 : 변호사, 연락처)		

2. 채무자

성 명	○ ○ ○	주민등록번호	생략
주 소	전라북도 남원시 용성로 ○○○, ○○호		
직 업	상업	사무실 주 소	알지 못합니다.
전 화	(휴대폰) 010 - 8911 - 0000		
기타사항	이 사건 채무자입니다.		

3. 대여금청구의 독촉사건

신청취지

채무자는 채권자에게 아래의 청구금액 및 독촉절차비용을 지급하라.

라는 지급명령을 구합니다.

1. 금 30,000,000원

2. 위 1항의 금액에 대하여 ○○○○. ○○. ○○.부터 지급 명령결정정본이 송달된 날까지는 연 18%의 그 다음날부터 다 갚는 날까지 연 15%의 비율에 의한 금원.

3. 독촉절차 비용 68,000원(내역 : 송달료 54,000원, 인지대 14,000원)

신 청 이 유

1. 채권자와 채무자는 오랫동안 잘 알고 지내는 사이로 채무자가 ○○○○. ○○. ○○.채권자에게 찾아와서 30,000,000원을 빌려주면 매월 1.5부의 이자를 지급하고 ○○○○. ○○. ○○. 변제하기로 하는 확인서를 교부받고 금 30,000,000원을 빌려주었습니다.

2. 그런데 채무자는 변제기일이 훨씬 지나도록 위 대여금을 지급하지 않아 수시로 찾아가 채무자에게 독촉하고 하물며 문자메시지까지 보내면서 변제를 요구하였으나 이제는 아예 채권자의 전화도 받지 않고 지금까지 변제하지 않고 있습니다.

3. 따라서 채권자는 채무자에게 위 대여금 30,000,000원 및 이에 대한 ○○○○. ○○. ○○.부터 이 사건 지급명령결정정본을 송달 받는 날까지는 약정한 이자인 연 18%(계산의 편의상 월 1.5%를 연단위로 환산하였습니다)의 그 다음날부터 다

갚는 날까지는 소송촉진등에관한특례법에서 정한 연 15%의
각 비율에 의한 지연손해금 및 독촉절차비용을 합한 금액의
지급을 받기 위하여 이 사건 신청에 이른 것입니다.

소명자료 및 첨부서류

1. 소 갑제1호증   확인서
1. 송달료납부서
1. 인지납부확인서

○○○○ 년 ○○ 월 ○○ 일

위 채권자 : ○ ○ ○   (인)

남원지원 장수군법원 귀중

당사자표시

1. 채권자

성 명	○ ○ ○	주민등록번호	생략
주 소	전라북도 장수군 싸리재로 ○○, ○○○호		
직 업	상업 / 사무실 주 소	생략	
전 화	(휴대폰) 010 - 6654 - 0000		
대리인에 의한 신 청	☐ 법정대리인 (성명 : , 연락처) ☐ 소송대리인 (성명 : 변호사, 연락처)		

2. 채무자

성 명	○ ○ ○	주민등록번호	생략
주 소	전라북도 남원시 용성로 ○○○, ○○호		
직 업	상업 / 사무실 주 소	알지 못합니다.	
전 화	(휴대폰) 010 - 8911 - 0000		
기타사항	이 사건 채무자입니다.		

3. 대여금청구의 독촉사건

신청취지

채무자는 채권자에게 아래의 청구금액 및 독촉절차비용을 지급하라.

라는 지급명령을 구합니다.

1. 금 30,000,000원

2. 위 1항의 금액에 대하여 ○○○○. ○○. ○○.부터 지급
   명령결정정본이 송달된 날까지는 연 18%의 그 다음날부
   터 다 갚는 날까지 연 15%의 비율에 의한 금원.

3. 독촉절차 비용 68,000원(내역 : 송달료 54,000원, 인지대
   14,000원)

신청이유

1. 채권자와 채무자는 오랫동안 잘 알고 지내는 사이로 채무자가
   ○○○○. ○○. ○○.채권자에게 찾아와서 30,000,000원을 빌
   려주면 매월 1.5부의 이자를 지급하고 ○○○○. ○○. ○○.
   변제하기로 하는 확인서를 교부받고 금 30,000,000원을 빌려
   주었습니다.

2. 그런데 채무자는 변제기일이 훨씬 지나도록 위 대여금을 지
   급하지 않아 수시로 찾아가 채무자에게 독촉하고 하물며 문
   자메시지까지 보내면서 변제를 요구하였으나 이제는 아예 채
   권자의 전화도 받지 않고 지금까지 변제하지 않고 있습니다.

3. 따라서 채권자는 채무자에게 위 대여금 30,000,000원 및 이에
   대한 ○○○○. ○○. ○○.부터 이 사건 지급명령결정정본을
   송달 받는 날까지는 약정한 이자인 연 18%(계산의 편의상 월
   1.5%를 연단위로 환산하였습니다)의 그 다음날부터 다 갚는

날까지는 소송촉진등에관한특례법에서 정한 연 15%의 각 비율에 의한 지연손해금 및 독촉절차비용을 합한 금액의 지급을 받기 위하여 이 사건 신청에 이른 것입니다.

- 끝 -

접수방법

1. 관할법원

　　이 사건은 채권자의 주소지 관할법원은 전주지방법원 남원지원 장수군법원이고, 채무자의 주소지 관할법원은 전주지방법원 남원지원이므로 채권자는 아래의 관할법원 중 유리한 곳으로 선택하여 지급명령을 신청할 수 있습니다.

　　1) 전주지방법원 남원지원 장수군법원
　　　전라북도 장수군 장수읍 싸리재로 13,(장수리 454-10)
　　　전화 063) 351-4385

　　2) 전주지방법원 남원지원
　　　전라북도 남원시 용성로 59,(동충동 141)
　　　전화 063) 620-2700

2. 수입인지 계산

　　이 사건의 청구금액은 금 30,000,000원이므로 30,000,000× 0.045+5,000÷10= 14,000원입니다.

　　산출된 인지액이 1,000원 미만인 때에는 1,000원의 인지를 붙여야 하고, 1,000원 이상인 경우 100원 미만의 단수가 있는 때에

는 그 단수는 계산하지 아니합니다.

3. 송달료금 계산

　　송달료는 1회분이 4,500원입니다. 이 사건은 채권자1인 채무자1인이므로 각 6회분씩 총 12회분의 금 54,000원이 됩니다.
4. 준비서류

　　1) 지급명령신청서 1통, 2) 당사자표시 3통, 3) 수입인지 납부서 1통, 4) 송달료 납부서 1통, 5) 소 갑제1호증 확인서

5. 제출하는 방법

　　채권자는 지급명령신청서를 프린트하기 전 관할법원을 전주지방법원 남원지원 장수군법원으로 낼 것인지 아니면 전주지방법원 남원지원으로 낼 것인지를 결정하여야 합니다.

　　전부지방법원 남원지원 장수군법원으로 낼 경우 지급명령신청서 1통을 프린트한 다음 소 갑제1호증 확인서를 첨부하고 이어서 당사자표시를 3통을 프린트하여 전라북도 장수군 장수읍 싸리재로 13,(장수리 454-10) 장수군법원(전화 063) 351-4385)에는 수납은행이 상주하지 않으므로 장수군법원으로 전화하여 수납은행의 위치를 확인하고 수납은행으로 가시면 인지(소송등 인지의 현금납부서) 3장으로 구성된 용지와 송달료(예납·추납)납부서 3장

으로 구성된 용지를 같이 작성해 수납은행 창구에 내시면 수납창구에서 인지에 대해서는 소송등 인지의 현금영수필확인서와 영수증을 송달료에 대해서는 법원제출용과 영수증을 주면 영수증은 잘 보관하시고 장수군법원에 내시면 사건번호 '차' 자로 된 번호를 적어오시면 그 다음날 오후부터 대법원 나의 사건 검색에서 위 사건번호로 채무자에게 송달 등의 여부 및 사건진행상황을 모두 확인할 수 있습니다.

전주지방법원 남원지원으로 낼 경우 지급명령신청서 1통을 프린트한 다음 소 갑제1호증 확인서를 첨부하고 이어서 당사자표시를 3통을 프린트하여 전라북도 남원시 용성로 59,(동충동 141) 남원지원(전화 063) 620-2700)안에 있는 수납은행으로 가시면 인지(소송등 인지의 현금납부서) 3장으로 구성된 용지와 송달료(예납·추납)납부서 3장으로 구성된 용지를 같이 작성해 수납은행 창구에 내시면 수납창구에서 인지에 대해서는 소송등 인지의 현금영수필확인서와 영수증을 송달료에 대해서는 법원제출용과 영수증을 주면 영수증은 잘 보관하시고 남원지원에 내시면 사건번호 '차' 자로 된 번호를 적어오시면 그 다음날 오후부터 대법원 나의 사건 검색창에서 위 사건번호로 사건진행상황을 모두 확인할 수 있습니다.

제7절 /

지급명령(독촉절차) 인터넷신청

1. 신청서 제출

지급명령(독촉절차) 인터넷신청은 전자독촉시스템/인터넷(대법원 홈페이지 인터넷 http://scuet.go.kr)을 통하여 사건정보, 채권자정보, 채무자정보, 대리인정보, 첨부서류 순으로 지급명령신청서를 작성하고 소송비용은 지급명령신청서 제출 직전에 전자적으로 납부할 수 있으며 소송비용이 납부된 경우에만 지급명령신청서가 인터넷을 통하여 법원에 제출됩니다.

2. 신청서 작성

대법원 홈페이지 전자파일링에서의 지급명령신청은 본인이 직접 작성한 지급명령신청서를 전자적으로 제출할 수 있으며, 제출자는 사전에 독촉사건 전자파일링 시스템에 사용자 등록을 하여야 합니다.

본인이 직접 제출하고자 할 때는 본인의 공인인증서를 사용하며, 공인인증서를 사용하여 시스템에 로그인합니다.

제출자가 법인일 경우에는 법인의 공인인증서를 사용하여

야 합니다.

지급명령신청서 작성은 1) 사건정보입력, 2) 채권자 정보입력, 3) 채무자 정보입력, 4) 대리인 정보입력, 5) 첨부서류 입력 등으로 5단계로 이루어져 있으며, 각 단계를 순서대로 작성한 후, 인지액, 송달료를 전자지불(납부)하면 독촉사건 전자파일링 시스템은 자동으로 지급명령신청서를 생성하여 제출할 수 있게 합니다.

3. 사건의 접수

채권자가 지급명령신청서를 제출하면 전자독촉시스템은 사건을 접수하고 제출결과화면에 접수된 사건번호 확인이 가능합니다.

4. 지급명령 결정

법관은 인터넷으로 신청한 지급명령신청서를 검토하여 1) 지급명령결정, 2) 보정명령, 3) 소송절차회부결정을 하게 됩니다.

5. 채무자에게 송달

지급명령결정은 채무자에게 특별송달 우편으로 송달합니다.

6. 주소보정 명령

채권자가 지급명령신청서에 기입한 주소에 채무자가 실제로 거주하지 않는 등의 이유로 지급명령정본이 송달되지 않으면 채권자는 채무자의 주소를 보정하여야 합니다.

주소보정이 어려울 경우에는 지급명령신청서를 소제기 신청을 할 수 있습니다.

주소보정명령은 대법원 인터넷 '문서확인 및 제출'의 '명령결정확인'에서 확인하고 '주소보정서제출' 메뉴에서 보정하여 제출하면 됩니다.

전자송달한 지 2주일(14일)이 지나면 명령/결정을 확인한 것으로 간주되고 채권자가 보정기간을 도과한 경우에는 지급명령신청서가 각하되기 때문에 채권자는 이점을 각별히 주의할 필요가 있습니다.

7. 이의신청

채권자는 대법원 인터넷에서 '명령결정 등 확인' 메뉴에서 이의신청통지서를 확인하고 '이의신청/소송절차회부서 인지액 등 보정'에서 전자결제로 인지액 등을 보정하여야 합니다.

8. 지급명령 확정

채무자에게 지급명령정본이 송달한 후 2주일(14일)이 지나도 채무자가 이의신청을 하지 않으면 사건은 지급명령결정으로 확정되고 채권자는 대법원 인터넷에서 '명령결정확인' 메뉴에서 지급명령결정을 확인하고 법적인 효력이 있는 지급명령결정 정본을 출력할 수 있습니다.

◨ **대한실무법률편찬연구회** ◨

연구회 발행도서
-2018년 소법전
-법률용어사전
-고소장 장석방법과 실무
-탄원서 의견서 작성방법과 실무
-소액소장 작성방법과 실무
-항소 항고 이유서 작성방법과 실제
-지급명령 신청방법

대여금 지급명령
신청과 사례작성방법의 실제   정가 16,000원

2018年 8月 5日 1판 인쇄
2018年 8月 10日 1판 발행
편   저 : 대한실무법률편찬연구회
발 행 인 : 김 현 호
발 행 처 : 법문 북스
공 급 처 : 법률미디어

서울 구로구 경인로 54길4 (우편번호 : 08278)
TEL : (02)2636-2911~2, FAX : (02)2636~3012
등록 : 1979년 8월 27일 제5-22호
Home : www.lawb.co.kr

▌ISBN 978-89-7535-681-0 (13360)
▌이 도서의 국립중앙도서관 출판예정도서목록(CIP)은 서지정보유통지원시스템 홈페이
 지(http://seoji.nl.go.kr)와 국가자료공동목록시스템(http://www.nl.go.kr/kolisnet)에서
 이용하실 수 있습니다. (CIP제어번호 : CIP2018023927)
▌파본은 교환해 드립니다.
▌본서의 무단 전재·복제행위는 저작권법에 의거, 3년 이하의
 징역 또는 3,000만원 이하의 벌금에 처해집니다.